中国式现代化理论与实践研究丛书

上海市哲学社会科学规划办公室
上海市习近平新时代中国特色社会主义思想研究中心
——— 编 ———

浦东打造社会主义现代化建设引领区的战略定位与推进思路研究

王德忠 等

—— 著 ——

上海人民出版社

出版前言

　　中国式现代化是中国共产党领导全国各族人民在长期探索和实践中历经千辛万苦、付出巨大代价取得的重大成果。习近平总书记在党的二十大报告中指出，中国式现代化，是中国共产党领导的社会主义现代化，既有各国现代化的共同特征，更有基于自己国情的中国特色。中国式现代化是人口规模巨大的现代化，是全体人民共同富裕的现代化，是物质文明和精神文明相协调的现代化，是人与自然和谐共生的现代化，是走和平发展道路的现代化。这一崭新的现代化道路，深深植根于中华优秀传统文化，体现科学社会主义的先进本质，借鉴吸收一切人类优秀文明成果，代表人类文明进步的发展方向，展现了不同于西方现代化模式的新图景，是一种全新的人类文明形态。实践证明，中国式现代化走得通、行得稳，是强国建设、民族复兴的唯一正确道路。

　　为深入学习贯彻习近平总书记关于中国式现代化的重要论述，深入研究阐释中国式现代化的历史逻辑、理论逻辑、实践逻辑，在中共上海市委宣传部指导下，上海市哲学社会科学规划办公室以委托课题方式，与上海市习近平新时代中国特色社会主义思想研究中心、上海市中国特色社会主义理论体系研究中心联合组织了"中国式现代化理论与实践研究丛书"（12种）（以下简称"丛书"）的研究和撰写。参加丛书研究撰写的是本市哲学社会科学相关领域的著名专家学者。丛书由上海人民出版社编辑出版。

丛书围绕新时代推进中国式现代化的重大理论和实践问题开展研究阐释，分领域涉及当代中国马克思主义新贡献，新时代坚持党的全面领导，中国式现代化的文明贡献，高质量发展，社会主义民主政治，中国式法治现代化，社会主义文化繁荣发展，当代中国治理创新，新时代实现共同富裕，新时代中国生态文明建设，新时代党史观理论创新，浦东打造社会主义现代化建设引领区等内容，涵盖马克思主义理论创新、党的领导和党的建设、经济建设、政治建设、文化建设、社会建设、生态文明建设等方面，阐释论述系统而具有说服力。

丛书的问世，离不开中共上海市委常委、宣传部部长、上海市习近平新时代中国特色社会主义思想研究中心主任、上海市中国特色社会主义理论体系研究中心主任赵嘉鸣的关心和支持，离不开市委宣传部副部长、上海市习近平新时代中国特色社会主义思想研究中心常务副主任、上海市中国特色社会主义理论体系研究中心常务副主任潘敏的具体指导。上海市哲学社会科学规划领导小组办公室李安方、吴诤和徐逸伦，市委宣传部理论处和讲团办陈殷华、薛建华、俞厚未、姚东，上海市习近平新时代中国特色社会主义思想研究中心叶柏荣等具体策划、组织；上海人民出版社的同志为丛书出版付出了辛苦的劳动。

"从现在起，中国共产党的中心任务就是团结带领全国各族人民全面建成社会主义现代化强国、实现第二个百年奋斗目标，以中国式现代化全面推进中华民族伟大复兴。"新征程是充满光荣和梦想的远征。希望丛书问世，能够使广大读者对中国式现代化的中国特色、本质要求和重大原则，对在各个领域的重点要求与战略任务，对为人类现代化理论与实践创新作出的重大原创性贡献的认识更加深入、领悟更加准确，为以更加自信自强、奋发有为的精神状态朝着全面建设社会主义现代化国家的目标勇毅前行，起到激励和鼓舞作用。

目　录

前　言

　　三十多年峥嵘岁月，三十多年砥砺奋进，"一张王牌"令世界瞩目。1990 年，面对国际环境的风云变幻，面对全球经济的深刻变革，面对中国市场化改革的关键时期，党中央作出开发开放上海浦东的重大战略部署、伟大历史决策。浦东坚定不移地走解放思想、深化改革之路，走面向世界、扩大开放之路，走打破常规、创新突破之路，敢于做"排头兵中的排头兵，先行者中的先行者"，勇于挑最重担子、啃最硬骨头，奋力创造出一个又一个非凡成就。以占上海五分之一的面积、四分之一的人口，贡献了全市三分之一的经济体量，浦东创造出"543"的数字成就。俯瞰黄浦江两岸，从阡陌乡野到如今鳞次栉比、高耸入云的摩天大楼，浦东创造出极具世界知名度的卓越地标。第一家外商独资贸易公司、第一个保税区、第一个自贸区、第一个"区港一体"的保税港区……，这一系列"全国第一"在浦东诞生，成为我国改革开放的精彩缩影。浦东的里程碑式跨越生动诠释了我国社会主义现代化建设的伟大实践。

　　新时代浦东，再担新使命。面对世界百年未有之大变局，面对中华民族伟大复兴的战略全局，习近平总书记在浦东开发开放 30 周年庆祝大会上，赋予了浦东打造社会主义现代化建设引领区的重大历史使命。2021年，《中共中央国务院关于支持浦东新区高水平改革开放打造社会主义现代化建设引领区的意见》发布，标志了浦东现代化建设开启新征程。着眼于实现第二个百年奋斗目标，党的二十大提出以中国式现代化全面推进中华民族伟大复兴。中国式现代化是一项重大理论创新、一项最新重大成果、一项探索性事业，存在着许多未知的领域，需要在实践中探索，在改革创新中推进。身为改革龙头、开放窗口、创新高地的浦东再次勇立潮头，在打造社会主义现代化建设引领区的同时，仍然担负着为中国式现代化建设率先探路、率先破局的重任，探索出一条更高水平的改革开放、更具活力的科技创新、更加完备的产业布局、更强的资源配置力、更高效能的城市治理，率先实现中国式现代化目标的新路径。

战略定位是城市发展的坐标与方向，推进思路是城市发展的路径。城市根据禀赋条件、竞争环境、消费需求等动态变化，科学地筛选基本组成要素，合理地制定城市基调、特色和策略，实现城市发展收益最大化。在宏观目标和微观举措既定的情况下，回答好浦东打造社会主义现代化建设引领区如何体现中国式现代化建设的总体要求，如何体现上海加快建设具有世界影响力的社会主义现代化国际大都市的发展要求，以及如何诠释好社会主义现代化建设引领区的内涵、条件与定位，如何快速推进社会主义现代化建设引领区这一系列问题。从中观层面形成逻辑自洽、系统全面、具有可操作性的引领区建设框架尤为重要，也是党和全国人民的关切所在。立足中国式现代化，胸怀"两个大局"，心系"国之大者"，本书设计从五个方面，分六大章节，探究浦东社会主义现代化建设引领区的战略定位与推进思路。第一章在梳理浦东引领区建设的历史根基，总结社会主义现代化建设引领区的内涵，分析浦东打造社会主义现代化建设引领区的外部环境和内在条件的基础上，研究浦东打造社会主义现代化建设引领区的推进路径和保障措施。第二章至第六章从浦东更高水平改革开放、创新引领、全球资源配置功能锻造、国际消费中心建设、城市治理现代化水平提升等五个方面探究浦东打造社会主义现代化建设引领区的推进思路，以期为浦东建言献策、贡献智慧。

黄浦江水澎湃向前，浦东奇迹仍在延续。过去三十多年的浦东，极不寻常、极不平凡。站在新的历史起点上，站在全面建设社会主义现代化国家的新征程中，打造社会主义现代化建设引领区的号角已经吹响。浦东将充分发挥社会主义现代化建设引领区的战略优势，发挥自身的比较优势和竞争优势，让更高水平改革开放的开路先锋、自主创新发展的时代标杆、全球资源配置的功能高地、扩大国内需求的典范引领、现代城市治理的示范样板紧扣中国式现代化的总体目标，创新突破、攻坚克难，为中国式现代化建设探索新路径、打造新样板。

第一章　浦东打造社会主义现代化建设引领区的内涵与意义

　　2020年11月，习近平总书记出席浦东开发开放30周年庆祝大会并发表重要讲话，赋予浦东打造社会主义现代化建设引领区的重大历史使命。习近平总书记的讲话指出了当前浦东成为"更高水平改革开放的开路先锋、全面建设社会主义现代化国家的排头兵、彰显"四个自信"的实践范例"面临的国际国内新形势，赋予了浦东在开启全面建设社会主义现代化国家新征程上的重要使命，明确了浦东在中国特色社会主义新时代的新方位、新定位、新路径，为浦东打造社会主义现代化建设引领区奠定了总基调与总方针。2021年，《中共中央 国务院关于支持浦东新区高水平改革开放打造社会主义现代化建设引领区的意见》(以下简称《意见》)正式发布，支持浦东打造社会主义现代化建设引领区，打造全面建设社会主义现代化国家窗口，掀开我国现代化建设纵深推进的崭新篇章。

第一节　浦东打造社会主义现代化建设引领区的时代背景与要求

　　1989年东欧剧变标志着世界社会主义制度进入剧烈动荡期，社会主国家面临严峻的内外形势。与此同时，全球化纵深推进，我国对内改革、对外开放也进入关键时期，党中央、国务院立足当时国际国内形势与挑战，作出浦东开发开放的重大战略决策。1990 年 4 月 18 日，国务院正式宣布开发开放浦东，成为我国改革开放历史进程中的重要里程碑式事件。三十多年来，浦东始终走在中国改革开放的最前沿，诞生了第一个金融贸易区、第一个保税区、第一个自由贸易试验区及临港新片区、第一家外商独资贸易公司等一系列"全国第一"，①向世界彰显了我国坚定不移推进改革开放的国家意志。党的十八大以来，中国特色社会主义进入新时代，开启了全面建设社会主义现代化国家的新征程②，2020 年，党的十九届五中全会指出当今世界正经历百年未有之大变局，我国发展仍然处于重要战略机遇期，但面临的国内外环境正在发生复杂深刻的变化。在新的时代背景与新的时代征程下，统筹中华民族伟大复兴战略全局和世界百年未有之大变局，浦东新一轮改革开放面临着新的形势与要求。

一、时代背景

习近平总书记在浦东开发开放 30 周年庆祝大会上指出："新征程上，我们要把浦东新的历史方位和使命，放在中华民族伟大复兴战略全局、世界百年未有之大变局这两个大局中加以谋划，放在构建以国内大循环为主体、国内国际双循环相互促进的新发展格局中予以考量和谋划，准确识变、科学应变、主动求变，在危机中育先机、于变局中开新局"。③立足新

---

①　习近平：在浦东开发开放 30 周年庆祝大会上的讲话，2020 年 11 月。

②　习近平：《决胜全面建成小康社会　夺取新时代中国特色社会主义伟大胜利——在中国共产党第十九次全国代表大会上的报告》，2017 年 10 月。

③　中国政府网：浦东开发开放 30 周年庆祝大会隆重举行　习近平发表重要讲话，https://www.gov.cn/xinwen/2020-11/12/content_5560869.htm。

发展阶段、贯彻新发展理念、构建新发展格局，浦东打造社会主义引领区面临着更为复杂多变的外部环境和更为坚实的内部条件。

（一）世界经济格局深度调整，国际形势复杂多变

习近平总书记指出："世界百年未有之大变局和新冠肺炎疫情全球大流行交织影响，外部环境更趋复杂严峻。"[1] 新冠疫情的全球暴发促使恢复中的全球经济突然调转趋势，再次陷入深度衰退，加速了全球经济格局的调整。

一方面，全球经济复苏乏力，增长动力缺乏。2023 年 5 月，联合国发布的最新《世界经济形势与展望》指出，2019 冠状病毒大流行的长期影响、乌克兰旷日持久的危机、全球气候变化的影响日益恶化以及宏观经济状况的迅速变化等因素交织在一起，给全球经济前景蒙上了阴影，不确定性和糟糕的增长前景继续困扰着全球经济，全球经济增长率将从 2022 年的 3.1% 放缓至 2023 年的 2.3%。[2] 全球经济复苏缓慢而艰难，需求放缓、生产活动持续萎缩，全球经济增长持续乏力。据 2021 年联合国贸发会议（UNCTAD）发布的《2021 年世界投资报告》显示，2020 年全球外国直接投资额约为 1 万亿美元，相比于 2019 年的约 1.5 万亿美元下降了 35%；其中发达国家 2020 年外国直接投资额同比下降 58%，发展中国家下降 8%，[3] 远低于 2008 年全球金融危机水平，回到了 20 世纪 90 年代的水平。虽然，当前全球经济形势出现了轻微改善的迹象，但是地缘局势紧张、通胀居高不下、疫情不确定性等因素仍然持续影响中长期世界经济形势，改

---

① 《中国共产党第十九届中央委员会第六次全体会议公报》，http://www.gov.cn/xinwen/2021-11/11/content_5650329.htm。

② 资料来源：United Nations《2023 World Economic Situation and Prospects》（MID-YEAR UPDATE）。

③ 资料来源：联合国贸发会议《2021 世界投资报告》。

变甚至重塑全球经济面貌。

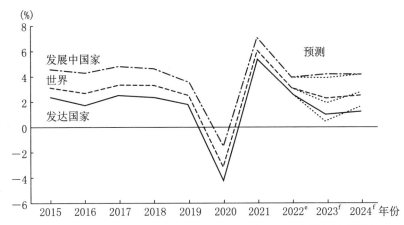

图 1-1 2015—2024 年世界以及发达国家和发展中国家的经济增长率

注：e＝估计，f＝预测；资料来源：United Nations《2023 World Economic Situation and Prospects》（MID-YEAR UPDATE）。

表 1-1 2021—2024 年世界产出增长

地　区	年变化率				2023 年世界经济形势与展望变化	
	2021	2022[a]	2023[b]	2024[b]	2023	2024
世界	6.1	3.1	2.3	2.5	0.4	−0.2
发达国家	5.4	2.7	1.0	1.2	0.6	−0.4
美国	5.9	2.1	1.1	1.0	0.7	−0.7
日本	2.1	1.1	1.2	1.0	−0.3	−0.3
欧盟	5.4	3.5	0.9	1.5	0.7	−0.1
英国	7.6	4.0	−0.1	1.1	0.7	0.1
发展中国家	7.1	3.9	4.1	4.2	0.2	0.1
巴西	4.6	2.9	1.0	2.1	0.1	0.1
印度[d]	8.9	6.8	5.8	6.7	0	0
中国	8.4	3	5.3	4.5	0.5	0

注：（a）部分估计，（b）预测，（d）日历年基础；资料来源：United Nations《2023 World Economic Situation and Prospects》（MID-YEAR UPDATE）。

另一方面，2008 年全球金融危机后，美国经济实力相对下降，而以中国为代表的新兴国家群体性崛起，使得以美国为代表的西方发达国家和以中国为代表的新兴市场国家及发展中国家之间的关系更趋平衡，世界政治格局向着均衡化方向发展。[①] 新冠疫情造成发达国家经济严重衰退，叠加俄乌地缘政治冲突等进一步促进了世界政治经济秩序的动态重构，新兴经济体持续崛起成为当今世界的主要特征之一。疫情下，以中国为代表的新兴经济体正在成为引领世界经济复苏的重要力量，2021 年金砖四国占全球经济比重超过了 24%，与此同时以七国集团（G7）为代表的发达国家对世界经济复苏的推动力持续疲软。

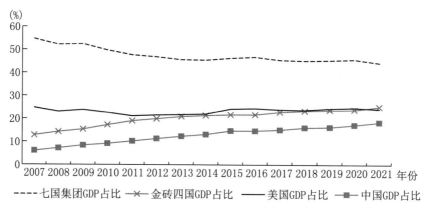

图 1-2　2007—2021 年七国集团、金砖四国、美国和中国 GDP 占世界经济比重（现价美元）

资料来源：原始数据来源于世界银行数据库，https://data.worldbank.org.cn/indicator/NY.GDP.MKTP.CD，访问时间 2023 年 5 月 30 日。

最后，以全球价值链区域化闭环化趋势为代表的逆全球化仍在持续，国际经贸规则呈现出一系列新的变化。以俄乌冲突为代表的地缘政治进一步凸显了国际环境的日趋复杂，经济问题与政治问题相互交织，国家安全

---

① 王巧荣：《中美竞争加深将如何影响世界政治经济格局》，《人民论坛》2020 年第6 期。

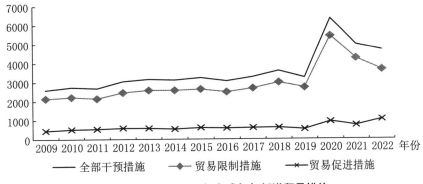

图 1-3　2009—2022 年全球每年新增贸易措施

数据来源：https://www.globaltradealert.org/global_dynamics，访问时间 2023 年 4 月 14 日。

被提到了前所未有的高度，贸易限制性措施持续增加，2020 年全球激增 5422 个，占到了当年全部贸易干预措施的 85.48%，是 2009 年的 2.5 倍多。

同时，深度区域贸易协定对全球价值链产生影响，[①]区域贸易体系进一步巩固，全球价值链区域化进一步推进。世界贸易组织数据显示，2021 年全年全球区域贸易协定数量激增 65 个，为有史以来的年新增最高值。截至 2023 年 4 月，全球生效的区域贸易协定数量累计达 356 个，有效的区域贸易协定通知高达 585 个，进一步推动区域内一体化程度上升。[②]

全球百年未有之大变局带来了一系列新的变化，科技革命和产业革命叠加疫情等国际风险的冲击和挑战，大国竞争回归，对我国持续推进改革开放带来复杂影响，对外开放的目标内涵也发生了变化：是更高水平开放，而不是简单更大规模；是更为安全开放，而不是只为追求开放红利；是更加自主和主动的开放，而不是被动的外卷式开放。在世界政治经济格局调整的关键期，面对国际分工体系深刻变化与国际经贸规则动态重构

---

① 　Choi，N. Deeper Regional Integration and Global Value Chains［J］. Seoul Journal of Economics，2020，33（1）：43—71.

② 　数据来源：WTO 世界贸易组织，http://rtais.wto.org/UI/PublicMaintainRTAHome.aspx，访问时间 2023 年 4 月 13 日。

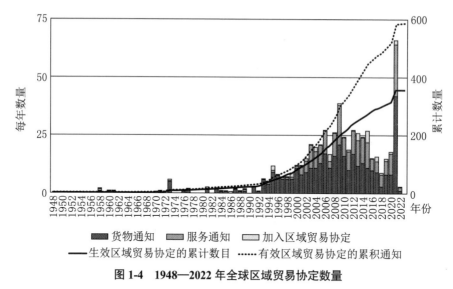

图 1-4　1948—2022 年全球区域贸易协定数量

资料来源：WTO 世界贸易组织，http://rtais.wto.org/UI/PublicMaintainRTAHome.aspx，访问时间 2023 年 4 月 13 日。

以及大国竞争常态化，我国更需实行更高水平的对外开放战略，改变我国"两头在外"的内外不平衡现状，实现从世界工厂到世界市场、制造大国到制造强国的积极转变，通过打造浦东社会主义现代化建设引领区向世界展示中国理念、中国精神、中国道路。

（二）我国进入新发展阶段，加快构建新发展格局

习近平总书记指出："全面建成小康社会、实现第一个百年奋斗目标之后，我们要乘势而上开启全面建设社会主义现代化国家新征程、向第二个百年奋斗目标进军，这标志着我国进入了一个新发展阶段。""就现实依据来讲，我们已经拥有开启新征程、实现新的更高目标的雄厚物质基础。经过新中国成立以来，特别是改革开放 40 多年的不懈奋斗，到'十三五'规划收官之时，我国经济实力、科技实力、综合国力和人民生活水平跃上了新的大台阶，成为世界第二大经济体、第一大工业国、第一大货物贸易国、第一大外汇储备国，国内生产总值超过 100 万亿元，人均国内生产总值超过 1 万美元，城镇化率超过 60%，中等收入群体超过 4 亿人。特别是全面建成小康社会取得伟大历史成果，解决困扰中华民族几千年的绝对贫困问题取得历史性成就。这在我国社会主义现代化建设进程中具有里程碑意义，为我国进入新发展阶段、朝着第二个百年奋斗目标进军奠定了坚实基础。"①

新发展阶段贯彻新发展理念必然要求构建新发展格局。党的二十大报告指出，当前，世界百年未有之大变局加速演进，新一轮科技革命和产业变革深入发展，国际力量对比深刻调整；同时，我国改革发展稳定面临不少深层次矛盾躲不开、绕不过，发展进入战略机遇和风险挑战并存、不确定难预料因素增多的时期，据此提出了"加快构建新发展格局，着力推动高质量发展"的战略任务。构建以国内大循环为主体、国内国际双循环相互促进的新发展格局，就是把实施扩大内需战略同深化供给侧结构性改革有机结合起来，依托我国超大规模市场优势，建立循环畅通的内需体系，增强国内大循环内生动力和可靠性；也是推动高水平对外开放，改革对外开放过程中出现的痛点难点，提升我国贸易投资合作质量和水平。

新发展格局的前提是高水平开放，全面实施这一战略的关键着力点与支撑都在"开放"，既包括对外开放，也包括对内开发。"国内大循环为主体"反映了当前形势下进入高质量发展阶段的核心与主题是"对内"。当前，我国产业链的外循环地位有所下降，从进出口依存度显示的我国对外部需求和供给的依赖来看，目前我国产业链的外循环相比 2008 年全球金融危机前已经大幅降低，且目前仍在波动中下降（见图 1-5）。

---

① 习近平：《把握新发展阶段，贯彻新发展理念，构建新发展格局》，《求是》2021 年第 9 期。

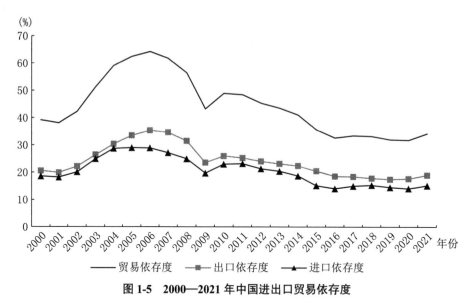

图 1-5　2000—2021 年中国进出口贸易依存度

数据来源：国家统计年鉴 2001—2022 年。

我国产业链的经济内循环地位提升，显示出对内开放的紧迫性和重要性已经高于对外开放，进一步对内开放已经成为深化对外开放的基础和前提。[①]"对内开放"的目的是以扩大内需为战略基点，畅通国民经济循环，基础是我国超大规模市场优势和完备的产业体系，手段是构建以全产业链为特征的现代产业体系，表现形式是梯度分工协作的城市圈域雁行模式。因此，新发展格局下，对内开放的本质是国内大市场的整体性和统一性，亟需深入实施区域协调发展战略，推动形成以长三角、京津冀、成渝城市群、粤港澳等为主体的圈域经济格局，促进区域一体化，并通过城市圈域空间的联通、协调与地理突破，促进国内生产、流通、分配和消费的流转与畅通，把"两头在外、两种资源、两个市场、大进大出"的以国际循环为主的发展格局，逐步转化为以国内大循环为主的新发展格局。[②]

①② 刘志彪：《重塑中国经济内外循环的新逻辑》，《探索与争鸣》2020 年第 7 期。

新发展阶段，我国改革开放进入攻坚期，迫切需要统筹国内国外两个市场，坚持引进来与走出去并重。因此，更需要打造社会主义现代化建设引领区，推动浦东高水平改革开放，为更好利用国内国际两个市场两种资源提供重要通道，构建国内大循环的中心节点和国内国际双循环的战略链接，在长三角一体化发展中更好发挥龙头辐射作用，打造全面建设社会主义现代化国家窗口。

二、现实要求

习近平总书记指出，浦东要"勇于挑最重的担子、啃最硬的骨头"。主动回应国际国内形势新变化我国实行更高水平的改革开放战略，这对走在我国改革开放前沿的浦东提出了新要求。《意见》提出，浦东要成为"更高水平改革开放的开路先锋、自主创新发展的时代标杆、全球资源配置的功能高地、扩大国内需求的典范引领、现代城市治理的示范样板"，"到2035年，浦东现代化经济体系全面构建，现代化城区全面建成，现代化治理全面实现，城市发展能级和国际竞争力跃居世界前列；到2050年，浦东建设成为在全球具有强大吸引力、创造力、竞争力、影响力的城市重要承载区，城市治理能力和治理成效的全球典范，社会主义现代化强国的璀璨明珠"，从战略高度对浦东打造社会主义现代化建设引领区提出了现实要求。

（一）更高水平改革开放

国际环境的复杂多变要求我国新一轮改革开放是更大范围、更宽领域、更深层次的改革开放，这进一步要求浦东打造社会主义现代化建设引领区要全面加强改革系统集成，从要素开放向制度开放全面拓展，是系统性、综合性、时代性的改革开放。更高水平改革开放要求浦东主动对标国际最高标准和最高水平，勇于创新、敢于突破，在更大范围、更多领域实施制度改革创新；要求浦东在投资、贸易、金融、人才等更多重点领域实行系列制度型开放试点，率先实现规则、管理、标准等同国际接轨；要求浦东高水平建设上海自贸试验区以及临港新片区，推进投资贸易便利化向自由化转型，实行更大力度和更大范围的对外开放压力测试；要求浦东先行建立与国际通行规则相衔接的开放型经济新体制，全面融入世界百年未有之大变局中，以上海全球城市核心功能区与承载区引领新一轮的全球城市竞争。更高水平改革开放要求浦东的改革是系统集成和综合配套的，聚焦"激活高质量发展新动力"，既要推进重要领域和关键环节改革，又要探索开展综合性改革试点，放大改革的集成效应和综合效应。更高水平改革开放要求浦东的开放是全域的开放，勇于攻坚突破、先行先试，通过市场化、法治化提高制度供给、产品供给、资金供给水平，深入参与新一轮国际经贸规则的动态重构，作为中国改革开放新高地对接、影响、改变国际经贸规则。

（二）全力做强创新引擎

全球范围内第四次科技革命方兴未艾，人工智能、物联网、清洁能源、大数据、机器人等代表性技术融合、创新发展，有望推动生产方式趋向信息化、数字化、智能化以及万物间的互联互通。[1] 新一轮科技革命和产业革命迫切要求我国抢抓机遇迎接挑战，实现高水平科技自立自强，不断提高自主创新能力，顺利实现经济发展动能转换。"全力做强创新引擎，打造自主创新新高地"正是基于这种形势，从我国经济社会发展全局出发对浦东提出的新要求，"自主创新发展的时代标杆"这一战略定位要求浦

---

[1] 上海社会科学院课题组：《浦东新区社会主义现代化建设引领区内涵及其实现路径》，《科学发展》2023 年第 2 期。

东进一步增强创新的主动性和自主性，全力做强创新引擎，加快关键核心技术攻坚和创新体制改革，提升"五个中心"融合发展新能级，夯实科技强国基础；要求浦东加快对接全球产业链、价值链、创新链，探索进一步的制度改革创新，打造世界级创新产业集群、发展更高能级总部经济、推进产业基础高级化，通过提升区域能级和核心竞争力增强上海全球城市影响力。国际环境的复杂多变要求浦东围绕我国社会主义方向和现代化的总体战略目标，通过全力做强创新引擎，既加快推动全球产业链、供应链与价值链重塑，又着力维护国家产业链供应链安全稳定。

（三）增强全球资源配置能力

数字经济时代，新一代信息技术变革了全球经济联通优势，基于"数字技术"的"数字"软联通能力成为城市竞争优势的核心体现，全球资源配置能力也更多体现在对高端创新要素如数字、技术、人才等资源的配置上，信息流、数据流成为全球资源的核心流。基于这一时代背景，实现全面现代化、应对世界大变局必然要求我国通过提升全球资源配置能力深度融入全球经济发展和治理。全球资源配置的功能高地要求浦东立足国内国际两个市场两种资源，夯实内循环资源配置核心地位，全面提升对关键核心要素的配置能力，以完善的金融市场体系、产品体系、机构体系、基础设施体系等吸引汇聚国际外循环中的高端生产要素，提升全球数字、人才、技术等要素配置枢纽能级。全球资源配置的核心是金融资源配置，[①]要求浦东进一步扩大金融领域开发，进一步提高金融资源配置能力与效率，以金融赋能服务业和实体经济发展。全球经济一体化与区域化同时强化的趋势下，要求浦东立足上海卓越的全球城市目标，提升对全球战略性资源、战

---

① 陈建勋：《社会主义现代化建设引领区的属性特征》，《文汇报》，2022-09-09，https://baijiahao.baidu.com/s?id=1743475286350503235&wfr=spider&for=pc。

略性产业和战略性通道的控制力与影响力，[1] 服务构建新发展格局。

（四）创新升级消费新需求

联合国发布的最新《世界经济形势与展望》指出，新冠疫情造成大多数主要经济体的消费者信心稳步下降，虽然 2023 年上半年有所改善，但是仍然低于长期平均水平。尤其是我国"两头在外、大进大出"的贸易模式，深受全球需求端和供给端的双重冲击，亟需增强发展的安全性和稳定性。我国拥有超大规模市场，不仅具有 14 亿多的人口规模，更为重要的是具有 4 亿多人口的世界最大中等收入人群[2]，具有显著的消费能力和消费升级需求。以国内大循环为主体要求构建完整的内需体系，挖掘国内消费市场，着力扩大内需，在需求侧"增强消费对经济发展的基础性作用"[3]。服务国家发展战略，扩大国内需求的典范引领要求浦东把实施扩大内需战略同深化供给侧结构性改革有机结合起来，以高品质的产品和服务供给升级扩大消费需求，以全新的产品和服务理念、形式、模式等创新消费需求，转变外需依赖性增长模式为内需驱动型增长模式，增强国内大循环内生动力和可靠性。

（五）践行人民城市理念

党的二十大报告指出，"中国式现代化是全体人民共同富裕的现代化"。社会主义现代化国家的根本出发点和落脚点都是实现人民对美好生活的向往，满足人民对美好生活的需要。深入贯彻习近平总书记提出"人民城市人民建，人民城市为人民"的重要理念，要求浦东打造社会主义现

---

[1] 殷德生：《提升上海的全球资源配置功能》，《文汇时评》，2019-12-24，https://wenhui.whb.cn/third/baidu/201912/24/310365.html。

[2] 数据来源：刘元春：《大国金融的使命》，《小康》2022 年总第 18 期。

[3] 习近平：《高举中国特色社会主义伟大旗帜　为全面建设社会主义现代化国家而团结奋斗——在中国共产党第二十次全国代表大会上的报告》，《人民日报》，2022-10-26。

代化建设引领区要以人民为中心，提高城市治理的现代化水平，筑牢城市安全底线，增强城市安全韧性，既要增进民生福祉，提高人民生活品质，又要切实维护人民群众的生命财产安全。

新时代，开启全面建设社会主义现代化国家新征程，需要敢闯敢试、先行先试的城市范本，浦东开发开放为我国改革开放和社会主义现代化建设提供了生动的实践范本和鲜活的现实明证。基于新的发展变局和新的发展阶段，浦东打造社会主义现代化建设引领区就是站在更高起点和更高层次上推进高水平的改革开放，是为中国式现代化建设提供新范例，为世界推进现代化提供中国样本的城市担当。

第二节　浦东打造社会主义现代化建设引领区的内涵

浦东打造社会主义现代化建设引领区是在浦东开发开放 30 年的时间节点和历史进程上，国家给予浦东的新使命。作为中国改革开放发展战略的先行先试区、重大制度创新示范的试验田，浦东新区自 1990 年 4 月 18 日正式开发开放建设以来就成为中国改革开放和现代化建设的集中体现。浦东通过在创新制度改革、扩大对外开放中的一系列探索实践中，先后成功探索了保税区模式、出口加工区模式、高科技园区模式以及自由贸易试验区模式，充分发挥了敢想敢做的先行先试精神，在全国范围内形成了改革开放的示范带动效应。如今，世界正经历百年未有之大变局，国际经贸规则加速重构，我国进入新发展阶段的历史关头，开启了全面建设社会主义现代化国家的新征程。这个新征程面临的国内外环境同以往任何时期都不同，这个新征程如何走没有先例可循，也没有成功经验与模式可以照搬，需要浦东继续勇当开路先锋，敢于挑最重担子、啃最硬骨头。

基本实现现代化、建设社会主义现代化强国需要有优势的地区走在前列、形成引领。浦东作为我国最大的经济中心和重要的国际金融中心城市的核心区域，经济发展水平和现代化建设处于中国前列，先行进入新的发展阶段，率先遇到一系列我国现代化建设进程中尚未遇到的新问题新矛盾新挑战。这就决定了浦东有条件也有需求打造社会主义现代化建设引领区，进一步发挥先行先试的精神和优势，破解基本实现现代化的发展瓶颈，努力成为更高水平改革开放的开路先锋、全面建设社会主义现代化国家的排头兵、彰显"四个自信"的实践范例。

一、浦东社会主义现代化建设引领区的战略内涵

浦东社会主义现代化建设引领区核心要义在于"引领"，引领意味着前瞻性、探索性和示范性，即通过前瞻性制度改革"先行先试"，探索全面建设社会主义现代化国家的成功实践，推动形成可复制可推广的区域经验，在全国范围内形成示范引领效应。

（一）先行先试：更高水平改革开放的开路先锋

《意见》的提出，肯定了浦东取得的举世瞩目的发展成就，是对浦东探路中国式社会主义现代化任务的郑重赋予，标志着我国改革开放先行先试又一实践模式的时代性开启。

"先行先试"是渐进式改革开放的有效方式，是我国改革开放四十多年成功推进的重要经验。浦东开发开放以来，在经济社会等各个领域进行了先行先试，是国家战略的集中实践，也是先进地区的自觉尝试，体现了我国社会转型和制度变迁从局部到全局、从部分到整体、从区域到全域的

稳步推进，体现了"以开放促改革、促发展、促创新"的基本发展思路，证明了我国改革开放战略的正确性。我国改革开放一系列先行先试经验的成功推广，为我国从"全面建设小康社会"到"全面建成小康社会"再到"全面建成社会主义现代化强国"的目标演进奠定了坚实的实践基础，使我国在几十年的时间了成功走过来发达国家几百年走过的现代化历程，为基本实现现代化、建设社会主义现代化强国奠定了道路基础、理论基础、制度基础与文化基础。

我国新一轮的改革开放是基于我国开启全面建设社会主义现代化国家新征程、向第二个百年奋斗目标进军这一新发展阶段开始的。这一阶段，我国改革开放进入深水区，进入攻坚克难的关键时期，呈现出一系列新的问题和矛盾，也面临着一系列新的发展机遇和挑战；这一改革开放新阶段的新问题新矛盾面广域宽，暴露的深层次原因根深蒂固。因此，新一轮的改革开放特点决定了社会主义现代化需要通过浦东打造社会主义现代化建设引领区进行先行先试。更高水平改革开放的开路先锋意味着新一轮的改革开放没有现成的模式和经验可以借鉴，没有成功的先例可以参照。借鉴西方模式和苏联模式的成功及失败经验，我们在新中国成立初期以经济建设为中心积极解放生产力、发展生产力，为社会主义现代化建设奠定了理论基础和物质基础。但是，苏联模式最终失败了，资本主义现代化有其严重弊端，发展中国家社会主义现代化下一个阶段如何走怎么走没有成功或者失败的经验可以借鉴。改革开放进入深水区，只能通过浦东先行先试的成功经验和先行先试的率先实践，走世界上其他国家没有走过的路，边行边试、边干边学，用实践检验引领区的发展成效，纠正偏差并选择范本，形成一系列可复制可推广的浦东经验，防止改革开放过程中出现重大失误或者系统性风险。

　　先行先试重在先，也难在先，首创和第一是它的特征。[①] 浦东打造社会主义现代化建设引领区具有前瞻性和首创性。《意见》指出在浦东全域打造特殊经济功能区，加大开放型经济的风险压力测试，意味着浦东要在改革开放领域进行不断的制度创新突破，无论是过去没有的改革，还是过去受约束的改革，抑或过去行之无效的改革，都是"按照国家改革开放总战略，把空白领域的制度设计，放在浦东先行探索；贯彻国家改革开放的总体部署，在法律法规的框架内，推进落实的改革措施，放在浦东先行试点"，[②] 具有试验性、补充性以及执行性；[③] 意味着浦东要在更多领域、更大范围内进行对外开放，探索开放的新思路、新领域、新路径。先行先试的关键是解放思想，坚定不移以习近平新时代中国特色社会主义思想为指导，打破传统思维定式，创新突破，在更加开放的条件下实现更高质量的发展。先行先试的目的是高水平开放，不仅是简单地适应国际化趋势，还要引领国际化和全球化，通过推进高水平的制度型开放，让国际化与现代化共生发展，让社会主义现代化建设引领国际化发展。[④]

　　先行先试是浦东开发开放以来的常态，是改革开放过程中创新创造的实现形式，是我国现代化建设不同历史阶段实现不同发展战略与目标的有效方式，是浦东社会主义现代化建设引领区的战略内涵之一，与"引领区"逻辑相联、使命相继。

————————

　　① 黄端：《新一轮改革最重要的特征是先行先试》，《发展研究》2012 年第 11 期。

　　② 季明、叶国标：《从"试验田"走向"攻坚标兵"》，《浦东开发》2006 年第 9 期。

　　③ 王诚：《试论综合配套改革中的"先行先试"》，《天津社会科学》2008 年第 5 期。

　　④ 央广网，《浦东"引领区"仍要有开路先锋意识》，2021-08-08，https://www.cnr.cn/shanghai/tt/20210808/t20210808_525556277.shtml。

专栏 1-1　先行先试 51 条新"浦东经验"

1. 改革系统集成（13 项 26 条）

（1）深化企业市场准入有关改革探索

行业管理架构"一帽牵头"

审批指引方式"一键导航"

行业审批条件"一单告知"

审批申报方式"一表申请"

许可审核程序"一标核准"

（2）"一网通办"政务服务

深入推进线上全程网办

全面推进线下单窗通办

（3）"无事不扰、有求必应、有事必究"的政府综合监管体系

"五张清单"强化全行业覆盖

"六个双"监管机制强化全周期监管

"四个监管"强化全维度风险防范

（4）线下办事"四个集中"

（5）"窗口无否决权"机制

（6）"找茬"机制及时响应群众反馈

完善线上、线下意见征询机制

建立"啄木鸟"工作机制

（7）设立中国（浦东）知识产权保护中心

"多渠道、多主体"保护体系

司法保护与行政保护高效协作

拓展知识产权海外维权援助的资源和能力

（8）"一照多址"促进企业经营便利化

（9）特斯拉背后的"浦东速度"常态化

一线统筹协同的大平台

一站式全流程审批服务

开工审批主辅线并行模式

告知承诺＋容缺后补信用审批制度

（10）支持新零售混合业态发展

（11）实行远程身份核验服务

（12）综保区内租赁退租飞机异地委托监管创新试点

（13）创新"进步指数"绩效考核体系

2. 制度型开放（4 项 8 条）

（1）上海自贸试验区率先探索自由贸易账户体系

本外币一体化自由贸易账户体系

设立资金跨境流动管理基础性制度

（2）成立涉外商事纠纷一站式解决工作室

（3）试点持永久居留身份证外籍高层次人才创办科技型企业改革

（4）浦东国际人才港构建人才服务生态圈

全覆盖集成整合人才审批业务

全场景推进智能审批应用

全领域链接各类创新要素资源

全方位提供精品化个性化服务

3. 高效能治理（8项17条）

（1）打造"城市大脑"，推动城市运行"一网统管"

构建组织体系

建设应用场景

加强系统集成

（2）探索统筹核心发展权和下沉区域管理权改革

强化区级层面对全区经济社会发展的统筹规划和综合平衡

强化街镇公共服务、公共管理和公共安全职能

建立重要协调事项基层约请制度

（3）"家门口"服务体系

在居村委设立家门口服务站

基本公共服务下沉

完善服务功能

（4）建设社会事业"15分钟服务圈"

（5）居村联勤联动站

（6）建设运行街面秩序智能管理模式

城市街面神经元感知网络

沿街商户"颜色管理"机制

推行标准化城管执法模式

（7）建立外卖骑手交通违法记分管理制度

首创"骑手"交通违法记分管理办法

建立健全管理闭环

（8）探索建设乡村人才公寓

资料来源：《先行先试51条新"浦东经验"走向全国》，《浦东时报》，2021年4月19日。

（二）探路领跑：全面建设社会主义现代化国家的排头兵

中国地区现代化的不平衡性非常突出。中国科学院现代化研究中心发布的《中国现代化报告 2021》显示，2018 年全国 34 个省级行政地区中约有 12 个地区全区平均完成第一次现代化，开始第二轮现代化，其余 22 个地区仍未完成第一轮的现代化，整体呈"东部高、中西部低"的区域差异，显示出我国的现代化建设还有很长的路要走。习近平总书记指出，我国现代化是人口规模巨大的现代化，是全体人民共同富裕的现代化……①由于这种发展的不平衡性与基础的差异性，决定了人口规模巨大的社会主义现代化必须适度推进，由一部分有优势有基础的地区先行先试，探索成功的经验与路径，为全面建设社会主义现代化积累经验教训，最终实现全体人民共同富裕。

"全面建设社会主义现代化国家的排头兵"意味着浦东要经过先行先试走在我国社会主义现代化建设平均进度的最前面，成为超大城市率先基本实现现代化的"样本"，检验社会主义现代化的理论支撑，为我国全面建设社会主义现代化国家提供可行的实践模式。这要求浦东新区不仅在经济发展、改革开放的制度创新方面，而且在科技创新、城市治理现代化等各方面实现全方位的引领，在推动高质量发展、高品质生活共建共享、高效能治理率先走出新路上走在最前列，以排头兵的姿态和先行者的担当，加快建设具有世界影响力的社会主义现代化国际大都市，努力成为社会主义现代化国家建设的重要窗口和城市标杆，②为建设社会主义现代

---

① 习近平：《把握新发展阶段，贯彻新发展理念，构建新发展格局》，《求是》2021 年第 9 期。

② 中共河北省委党校网站，任明明：《浦东新区打造社会主义现代化建设引领区》，2021-09-22，http://www.hebdx.com/2021/09/22/content_8620870.htm。

化国家提供坚强有力支撑。这种针对现实问题的改革先行先试，力争打破旧体制束缚，解决经济社会发展中面临的障碍和困境或应对面临的新变化和新挑战，势必享有改革先发优势。这种改革先发优势，实质上是创造了制度层面的新的比较优势，从而为上海经社会发展带来更大的选择机会和空间，将获得更高的资源配置效率，也使发展更显主动进取和充满生机。同样，改革先行先试积累的经验越多，也越有信心和能力开展更多的先行先试，从而使获得的改革红利得以不断累积和放大。[①] 这种先发优势，决定了浦东在探索中国式现代化新道路"无人区"，引领后发区域的现代化实践，为全国迈向现代化探索经验过程中，成为现代化建设的"领头羊"、领跑者。

（三）示范引领：彰显"四个自信"的实践范例

习近平总书记在党的第十九次全国代表大会上指出，"中国特色社会主义道路是实现社会主义现代化、创造人民美好生活的必由之路，中国特色社会主义理论体系是指导党和人民实现中华民族伟大复兴的正确理论，中国特色社会主义制度是当代中国发展进步的根本制度保障，中国特色社会主义文化是激励全党全国各族人民奋勇前进的强大精神力量。全党要更加自觉地增强道路自信、理论自信、制度自信、文化自信。"……"坚定中国特色社会主义道路自信、理论自信、制度自信、文化自信，来自对马克思主义真理性的认识、来自对中国革命、建设历史经验的正确总结、来自对中国特色社会主义在改革开放伟大实践成就的认同。"四个自信是我国现代化建设以来的一切理论依据和实践支撑，是实现伟大中国梦的必由之路和必然要求。如今，中国特色社会主义进入新时代，意味着中国特色社

---

① 周振华：《上海改革先行先试的实践经验与理论启示》，《上海市社会主义学院学报》2018 年第 5 期。

会主义道路、理论、制度、文化不断发展，这种发展要求浦东先行先试中继续加强对马克思主义真理性的认识、探索高水平改革开放的正确经验。

习近平总书记指出，"浦东开发开放 30 年的历程，走的是一条解放思想、深化改革之路，是一条面向世界、扩大开放之路，是一条打破常规、创新突破之路，"[①] 在区域层面为中国特色社会主义道路自信、理论自信、制度自信、文化自信作出了生动诠释，彰显了坚定"四个自信"不断取得改革开放伟大成就的必然。彰显"四个自信"的实践范例，就是要浦东通过打造社会主义现代化建设引领区更好向世界展示中国理念、中国精神、中国道路，向世界展示中国特色社会主义的强大生命力、展示中国特色社会主义道路的正确性和光明前景。彰显"四个自信"的实践范例，就是要浦东既坚定"四个自信"又生动诠释"四个自信"，以对中国特色社会主义更坚定的信心把高水平改革开放不断向深推入，在创新发展上、集成改革上、制度型开放上、功能打造上和城市治理上发挥示范引领作用，为全面建设社会主义现代化探索新路、积累经验、提供示范。

二、浦东社会主义现代化建设引领区的属性特征

浦东社会主义现代化建设引领区是立足浦东发展实际、体现中国式现代化总体要求的社会主义国家现代化样板间，又是遵循现代化一般演进规律、拥有各国现代化共同特征的人类现代化窗口，既有现代化发展过程中的一般特征，又有基于中国国情的地方特色。浦东社会主义现代化建设引领区是社会主义的、是现代化的，更是中国式的，立足我国基本国情是其前提，社会主义是其本质属性。

---

① 习近平：《在浦东开发开放 30 周年庆祝大会上的讲话》，人民出版社 2020 年版，第 12 页。

（一）浦东打造社会主义现代化建设引领区是中国式的

习近平总书记指出，我国现代化是人口规模巨大的现代化，是全体人民共同富裕的现代化，是物质文明和精神文明相协调的现代化，是人与自然和谐共生的现代化，是走和平发展道路的现代化，[①] 既描绘了社会主义现代化的宏伟蓝图，又提出了中国式现代化的总要求，是浦东打造社会主义现代化建设引领区的实践指向。

人类现代化起源于 18 世纪的资本主义发达国家，经历了两百多年的发展历程。目前全球发达国家基本处于第二次现代化阶段，第二次现代化指数世界排名前 10 的国家分别是：荷兰、丹麦、瑞典、瑞士、比利时、美国、德国、新加坡、爱尔兰、芬兰，[②] 即全部是资本主义国家。资本主义发达国家率先实现现代化，始终走在人类现代化的发展前列，从而在工业革命后的很长一段时间现代化被认为是西方化，是资本主义的。尤其是苏联社会主义现代化的破产，此后很长时期在世界范围内社会主义模式的现代化被认为是行不通的。随着中国作为落后社会主义国家成功崛起，用短短几十年走过了发达资本主义国家二百多年的历程，越来越多的国家开始反思现代化在社会主义的中国为什么是可行的。

以经济形态和社会意识形态为划分依据当代社会现代化的方式主要有三种：资本主义现代化方式、苏联式社会主义现代化方式，以及中国特色社会主义现代化道路。[③]1982 年，邓小平在中共十二大上指出："我们的现代化建设，必须从中国的实际出发"，"照抄照搬别国经验、别国模式，

---

① 习近平：《把握新发展阶段，贯彻新发展理念，构建新发展格局》，《求是》2021 年第 9 期。

② 资料来源：《中国现代化报告 2021》。

③ 高璐佳：《中国改革开放拓展了人类现代化的道路》，《科学社会主义》2019 年第 5 期。

从来不能得到成功"。① 党的二十大报告明确指出："中国式现代化，是中国共产党领导的社会主义现代化。"正是在中国共产党的团结带领下，立足中国发展实际，走自己的路，切实解决了新中国成立以来面对的各种问题与困难，创造了改革开放和社会主义现代化建设的伟大成就："实现了从高度集中的计划经济体制到充满活力的社会主义市场经济体制、从封闭半封闭到全方位开放的历史性转变，实现了从生产力相对落后的状况到经济总量跃居世界第二的历史性突破，实现了人民生活从温饱不足到总体小康、奔向全面小康的历史性跨越"。② 基于我国在不同历史阶段的经济发展实际、社会现状、资源禀赋、民族特性以及社会主要矛盾，借鉴资本主义现代化和苏联现代化的成功经验、避开苏联模式的严重弊端和资本主义的历史局限，中国式现代化选择了中国特色社会主义道路，成功超越了以资本为逻辑的现代化，实现了十几亿人民从贫穷到小康的历史转变，推动世界上人口规模最大的发展中国家成功开启全面建设社会主义现代化国家新征程，创造了中国式现代化新道路，创造了人类文明新形态。

中国式现代化的成功探索实践表明人类现代化发展道路的多样性，表明现代化建设必须从民族国家的基本国情出发。浦东社会主义现代化建设引领区是立足新时代新特征新基础，以习近平新时代中国特色社会主义思想为理论指引，贯彻落实中国式现代化总要求进行的迈向全面现代化的新探索，是对当代中国式现代化发展面临的新课题的实践再出发，符合中国发展的现实国情。

（二）浦东社会主义现代化建设引领区是社会主义的

党的二十大报告指出，我国是工人阶级领导的、以工农联盟为基础的

---

① 《邓小平文选》第 3 卷，人民出版社 1993 年，第 2 页。
② 习近平：在庆祝中国共产党成立 100 周年大会上的讲话。

人民民主专政的社会主义国家，社会主义制度是我国的根本制度，决定了浦东社会主义现代化建设引领区的本质属性。社会主义的属性意味着浦东社会主义现代化建设引领区是由中国共产党领导的、社会主义核心价值决定的、以人民为中心的、与时俱进的现代化。

"实践告诉我们，中国共产党为什么能，中国特色社会主义为什么好，归根到底是马克思主义行，是中国化时代化的马克思主义行。"马克思理论指出人类社会发展的最终形态是共产主义，共产主义的初级阶段即社会主义，社会主义终将取代资本主义。资本主义现代化开启了人类现代化的历史进程，具有时代意义。但是资本主义生产力所决定的生产关系的总和有不可调和的内在矛盾性，资本主义现代化是"以资本为中心的现代化、两极分化的现代化、物质主义膨胀的现代化、对外扩张掠夺的现代化"，[①] 是少数国家和少数人的现代化。资本主义必然灭亡、社会主义必然胜利的历史趋势意味着资本主义现代化的不可持续性与社会主义现代化的光明前景。

习近平总书记指出现代化的本质是人的现代化，[②] 以人民为中心是社会主义的价值取向，也是浦东社会主义现代化建设引领区的价值标的。新中国成立以来，我国的社会主义现代化之路立足解决人民群众最关心、最直接、最现实的利益问题，坚持人民利益至上，坚持"发展为了人民、发展依靠人民、发展成果由人民共享"，社会主要矛盾从"人民日益增长的物质文化需要同落后的社会生产之间的矛盾"转变为"人民日益增长的美好生活需要和不平衡不充分的发展之间的矛盾"，彰显了中国式现代化坚持"人民性"这一马克思主义最鲜明的品格。以人民"以人民为中心"也是习近平新时代中国特色社会主义思想的核心理念。作为马克思主义中国

---

① 江林昌：《以坚定的历史自信推进中国式现代化》，《人民日报》，2023-05-29。
② 《十八大以来重要文献选编》（上），中央文献出版社 2014 年版，第 594—595 页。

化最新成果，习近平新时代中国特色社会主义思想实现了马克思主义中国化时代化新的飞跃，是全面建设社会主义现代化国家为实现中华民族伟大复兴而奋斗的行动指南。

中国特色社会主义进入新时代，创造了中国式现代化道路，浦东打造社会主义现代化建设引领区就是要高举中国特色社会主义伟大旗帜，全面贯彻习近平新时代中国特色社会主义思想，回答建设什么样的社会主义现代化强国、怎样建设社会主义现代化强国的重大时代课题，为人类现代化建设提供社会主义新范例，为世界现代化推进提供中国样本。

第三节 浦东打造社会主义现代化建设引领区的战略意义

习近平总书记在浦东调研时指出，"浦东发展的意义在于窗口作用、示范意义，在于敢闯敢试、先行先试，在于排头兵的作用。"浦东开发开放三十多年来取得了一系列历史性成就，经济发展水平从 1990 年的 60.24 亿元增长到 2022 年的 16013 亿元，实现了历史性跨越；占上海市比重达到 35.9%，[1] 成为上海国际经济、金融、贸易、航运和科技创新中心建设核心承载区；常住人口在 2022 年末达到了 578.20 万人，人均可支配收入达到了 84089 元，[2] 城乡居民共享改革开放的硕果；2022 年，外贸进出口总额增长 2%、达到 2.43 万亿元，实到外资增长 3%、完成 110 亿美元 [3]……30

---

① 数据来源：中华人民共和国国家发展和改革委员会，《2022 年上海浦东新区地区生产总值超 1.6 万亿元》，https://www.ndrc.gov.cn/fggz/dqjj/qt/202302/t20230224_1349423.html。

② 数据来源：《2022 年上海市浦东新区国民经济和社会发展统计公报》。

③ 数据来源：浦东发改委微信公众平台，《"数"读浦东 2022，展望浦东 2023！带你速览浦东新区政府工作报告》，2023-01-06。

年来，浦东累计吸引实到外资 1029.5 亿美元，集聚 170 个国家地区的 3.62 万家外资企业、350 家跨国公司地区总部，全球 500 强企业中 346 家在浦东有投资项目，以全国 1/8000 的面积创造了 1/80 的 GDP、1/15 的货物进出口总额。[①]

《意见》实施以来，浦东加强改革系统集成、深入推进制度型开放全面拓展、着力提升全球资源配置能力，2022 年引领区建设实施方案 450 项任务中完成或基本完成的已达到 409 项，完成比例超过 90%[②]。在加强改革系统集成方面：市场准入便利化改革持续深化，"一业一证" 31 个试点行业累计发放 3800 余张行业综合许可证；市场主体登记确认制已受理企业设立登记超过 1.7 万户次；以信用为基础的分级分类监管覆盖 57 个主要行业领域；与改革相适应的法治保障体系不断完善，先后出台 "商事登记确认" "市场主体准营承诺" 等 15 部浦东新区法规、2 部地方法规浦东专章以及 "商事调解" "特色产业园区" 等 13 项管理措施。在深入推进制度型开放方面：全国首家外资独资券商、首批外商独资公募基金等一批首创性外资项目落户；国内首单外资班轮船公司 "外贸集装箱沿海捎带" 业务在洋山港正式落地；临港新片区开展跨境贸易投资高水平开放外汇管理改革试点；全年新引进首店超 200 家；首批境外职业资格证书认可清单和紧缺清单对外发布；全国首个船舶供应服务地方标准发布实施；洋山特殊综合保税区（二期）实现封关运作；保税区域诚信建设示范区试点启动实施；"中国洋山港" 籍国际船舶登记管理制度落地实施。在全面提升全球

---

① 数据来源：中国政府网，《三十年，敢闯敢试看浦东》，https://www.gov.cn/xinwen/2020-11/09/content_5558904.htm。

② 资料来源：浦东发改委微信公众平台，《"数"读浦东 2022，展望浦东 2023！带你速览浦东新区政府工作报告》，2023-01-06。

资源配置能力方面：全国首批以人民币计价并向境外投资者全面开放的期权品种原油期权上市交易；私募股权和创业投资份额转让试点开展，全国性大宗商品仓单登记中心正式设立……① 按照习近平总书记的重要指示和战略擘画，浦东全力履行好新时代历史使命，走好新发展阶段开发开放之路，引领带动上海"五个中心"建设，更好服务全国大局和带动长三角一体化发展战略实施。

一、浦东新区高水平改革开放打造社会主义现代化建设引领区是全面建成社会主义现代化强国的战略选择

在"两个一百年"历史交汇点上，以习近平同志为核心的党中央从党和国家事业发展全局出发，着眼实现第二个百年奋斗目标，作出了支持浦东新区高水平改革开放打造社会主义现代化建设引领区的重大战略部署。1991 年，邓小平指出："开发浦东，这个影响就大了，不只是浦东的问题，是关系上海发展的问题，是利用上海这个基地发展长江三角洲和长江流域的问题"，"开发浦东、振兴上海、服务全国、面向世界"，成为浦东开发开放的重要方针。2020 年，习近平总书记在浦东开发开放 30 周年庆祝大会上指出："新征程上，我们要把浦东新的历史方位和使命，放在中华民族伟大复兴战略全局、世界百年未有之大变局这两个大局中加以谋划，放在构建以国内大循环为主体、国内国际双循环相互促进的新发展格局中予以考量和谋划"，服务国家重大战略仍然是浦东在新的起点上改革开放再出发的重要指导方针之一。

---

① 资料来源：文汇报，《从自贸区到引领区，从综合配套改革试点到综合改革试点，浦东不断书写改革开放新传奇！》，https://baijiahao.baidu.com/s?id=1763550220887813959&wfr=spider&for=pc。

党的二十大报告提出，全面建成社会主义现代化强国，总的战略安排是分两步走：从二〇二〇年到二〇三五年基本实现社会主义现代化；从二〇三五年到本世纪中叶把我国建成富强民主文明和谐美丽的社会主义现代化强国。"两步走"是基于我国现代化建设取得了巨大成就，但是发展仍然不充分不平衡的现实国情而做出的建设什么样的社会主义现代化国家、怎样建设社会主义现代化国家的战略安排。"十四五"期间是我国全面建设社会主义现代化国家开局起步的关键时期，也是我国抓住世界格局演变机遇引领国际经贸规则重塑的历史窗口期。立足时代特征和现实需要，亟需浦东通过高水平改革开放打造社会主义现代化建设引领区，在对外开放、科技创新、城市治理、高质量发展等方面为我国基本实现现代化、建设现代化强国积累经验、探寻路径。建设"引领区"是浦东排头兵使命基于时代性、系统性、全局性要求的提升，是在更高起点、更高层次上推进高水平改革开放的战略升级，是从部分领先到全方位领跑的目标拓展，是面向全球、面向未来的更大格局和担当。[①]

二、浦东新区高水平改革开放打造社会主义现代化建设引领区是加快构建新发展格局实现高质量发展的关键路径

新冠疫情冲击下，世界格局加速演变、国际经贸规则重塑加快，而我国改革开放的历程相比发达国家现代化历程仍然相对短暂，融入全球化的程度高但是质量不高、参与全球价值链的程度深但是价值创造低，全球化的红利逐渐衰减而弊端愈加显现，面临着发达国家的技术封锁与低端位置

[①] 翁祖亮：《打造社会主义现代化建设引领区　奋力创造新时代浦东高水平改革开放新奇迹》，《旗帜》2020年第12期。

锁定风险。与此同时，开启全面建设社会主义现代化国家新征程面临的结构性、体制性与周期性问题亟待解决。适应全球化的短期逆全球化浪潮，我国亟需增强发展的内生动力，加快形成可持续的高质量发展体制机制，要向全面深化改革要活力，向扩大高水平对外开放要动力。浦东是我国新发展格局的"双循环"重要连接点，通过高水平改革开放提供高水平制度供给、高质量产品供给、高效率资本供给，进一步发挥浦东在畅通经济循环中的关键节点作用，夯实浦东在全球价值链供应链中的中枢位置，更好参与国际合作和竞争，为我国更好利用国内国际两个市场两种资源提供重要通道，推动形成全面开放新格局。

三、浦东新区高水平改革开放打造社会主义现代化建设引领区是推动长三角一体化发展的重大举措

2019 年，中共中央国务院印发《长江三角洲区域一体化发展规划纲要》指出，长江三角洲（以下简称长三角）地区是我国经济发展最活跃、开放程度最高、创新能力最强的区域之一，在国家现代化建设大局和全方位开放格局中具有举足轻重的战略地位。实施长三角一体化发展战略，是引领全国高质量发展、完善我国改革开放空间布局、打造我国发展强劲活跃增长极的重大战略举措。上海是长三角的龙头城市，引领着长三角一体化发展，浦东作为上海"五个中心"建设的核心功能区，具备了较强的集聚辐射功能，再过去三十多年开发开放中充分发挥长三角城市群核心功能区的引领作用。在长三角一体化发展的国家战略定位中，长三角被赋予"率先基本实现现代化引领区"历史使命，而这一历史重担毫不意外的又落在了浦东这一核心功能区上。浦东新区高水平改革开放打造社会主义现代化建设引领区，就是要浦东完整、准确、全面贯彻新发展理念，探索

将新发展理念创造性转化为发展实践的方式路径，构筑区域发展的强大势能，带动上海更好发挥长三角一体化发展龙头作用，[①] 服务国家区域一体化发展战略；进而带动长三角高质量发展，推动长三角顺利完成"率先基本实现现代化"这一宏伟目标，服务国家现代化"两步走"战略安排。

[①] 光明网：《浦东打造社会主义现代化建设引领区，有这些重要意义》，2021-07-21，https://m.gmw.cn/baijia/2021-07-21/35013201.html。

第二章　浦东更高水平改革开放的战略任务与具体措施

  当前，世界处于百年未有之大变局，我国也步入构建以国内大循环为主体、国内国际双循环相互促进的新发展格局。在此时代背景下，党中央提出支持浦东新区通过更高水平改革开放，打造社会主义现代化建设引领区，这不仅是对浦东开发开放30多年来过往成就的肯定，更为浦东下一步提升改革开放水平提出了新的标准和要求。党的二十大吹响全面建设社会主义现代化国家、全面推进中华民族伟大复兴的奋进号角，更意味着浦东也将在二十大精神指引下，在中国式现代化大潮中肩负重大使命任务，将打造社会主义现代化建设引领区作为浦东全部工作的主题主线。长期以来，因改革开放而生、因改革开放而兴的浦东，始终走在改革开放前列。从第一个金融贸易区，到第一个保税区，再到第一个自贸试验区及临港新片区等，这一系列"全国第一"，无疑是我国改革开放和社会主义现代化建设最生动的实践写照。当前，改革开放到了新的历史关头，挑战愈发严峻、任务愈发艰巨，需要以更大勇气、更大决心、更大力度来破除制约发展的藩篱，持续增强发展活力和动力。党中央支持浦东更高水平改革开放，就是要浦东继续勇当开路先锋，准确识变、科学应变、主动求变，在实践中不断丰富与积累改革开放的内涵与经验，探索社会主义现代化的路径和规律，在坚定不移推进改革、扩大开放中体现更高水平，在现代化的大潮中走在前列、敢为先锋、勇立潮头。

第一节　浦东开发开放提供的良好基础与宝贵经验 [①]

20世纪90年代，上海浦东开发开放是党中央审时度势为中国深化改革和扩大开放树立的一面旗帜。30多年来，浦东开发开放经过艰苦创业，实现了内外开发、经济能级、城市功能及社会发展等历史性跨越，不仅成为我国改革开放和创新发展的标杆，为新时期中国社会主义现代化建设及国家重大战略部署的落实提供了宝贵经验，也为浦东更高水平改革开放打造社会主义现代化建设引领区打下了重要基础。

一、浦东开发开放战略与实践

（一）浦东开发开放战略的酝酿与准备

浦东开发开放从地方战略构想上升为国家重大战略决策，是时代机遇和现实需求结合的产物。20世纪80年代以来，随着东西方关系的缓和，相对和平的国际局势为各国经济和科技的迅猛发展创造了稳定的外部环境，全球产业结构及分工迎来重大调整，经济全球化趋势日渐显现。与此同时，中国国内在改革开放的推进下，国民经济开始进入全新的发展阶段，重大历史机遇期已然到来。但是80年代末，世界社会主义及中国特色社会主义事业遭受前所未有的挑战，西方世界对中国实行了一系列舆

[①] 王德忠等：《浦东社会主义现代化建设引领区：逻辑演进与战略路径》，格致出版社2023年版，第134—142页。

论攻击和经济封锁。面对这一关键历史关头，中国亟待向世界展现更大范围、更高层次改革开放的决心与信心。邓小平在 1989 年 6 月同中央负责同志谈话时明确提出，"要把进一步开放的旗帜打出去"，以消除国际社会的疑虑和封锁。而在 80 年代初的上海，由于自身发展带来的资金短缺、资源匮乏、城市基建落后及产业结构单一等矛盾的制约，经济增长连续多年低于全国平均增长速度。

为发挥国际市场功能并从地理区位、对外资吸引力、疏解市区等方面综合考量，上海提出开发浦东的构想。从 1984 年到 1990 年初，上海历届市委、市政府先后制定《关于上海经济发展战略的汇报提纲》《上海市城市总体规划方案》《关于开发浦东的请示报告》，随后，浦东开发在党中央、国务院支持下逐步确立了其在上海摆脱发展困境中的核心战略定位，而更为重要的是，浦东开发也恰如其分地契合了当时强化国家对外开放形象的现实需求。1990 年初，邓小平明确表示支持浦东开发，并将其作为中国进一步对外开放的重要部署。自此，从上海地方的发展构想到国家层面的战略决战，浦东开发开放的帷幕正式拉开。

（二）浦东开发开放战略的快速推进

1990 年，中央宣布开发开放浦东决策，肩负着探索社会主义市场经济历史使命的浦东步入快速发展轨道，大规模推进软硬件环境建设。

在基础设施建设方面，成立陆家嘴、外高桥、金桥三个开发公司，投资 250 亿元开展以交通、能源和通信项目为主的"八五"计划第一轮十大基础设施工程及各项配套设施建设，又在"九五"期间投资 1000 亿元开展以"三港二线"为标志的新一轮十大基建工程，杨浦大桥、南浦大桥、外高桥港区、浦东国际机场、轨道交通 2 号线、外环线及世纪大道、东海天然气工程等先后建成投入使用。截至 2000 年，浦东城市化率约达 56%，实现了从基础型向枢纽型的基础设施重大跨越。

在功能开发方面，在中央一系列税收、投融资及项目审批支持政策的促进下，浦东从开发区管理体制调整为城市化成熟区域管理体制，保障各种区域功能开发以支撑整个浦东开发开放。陆家嘴金融贸易区、外高桥保税区、金桥出口加工区及张江高科园区纷纷落成，并由这些功能区先行先试体制改革，推行土地、资金、技术、劳动力等要素市场化的发展模式，大量外资得以进入，一批国有、集体企业也在外资嫁接改造下完善起现代企业制度，发挥了对社会主义市场经济体系的引领示范作用。同时，伴随着浦东对外开放领域重点从一般生产加工到服务贸易的扩展，先进技术和管理模式大量引进，上海产业结构呈现高级化、集约化发展态势，功能开发成效凸显。

（三）浦东开发开放战略的全面深化

步入 2000 年，新世纪意味着新起点、新希望。党的十六大报告提出："鼓励经济特区和上海浦东新区在制度创新和扩大开放等方面走在前列。"这一阶段，中国加入 WTO、上海筹办世博会带来重大机遇，一方面是中国入世之后亟待建立与 WTO 规则一致的市场经济运行机制，另一方面是作为世博会主场馆所在地对综合性、多功能、现代化城市区划的要求，浦东从综合配套的改革试点、区域整合、整体开发三大方面不断完善基础设施和城市功能。

一是 2005 年浦东率先开展国家综合配套改革试点，各项创新的改革事项在浦东陆续展开。主要从推进政府管理体制改革、推进经济和创新体制改革、推动社会管理精细化和乡村振兴等三个方面具体推进。中央各部委在浦东开展 21 项改革试点项目，为全国改革开放探索前进方向。同时，按照"小政府、大社会"的原则，上海市为浦东拟定涉及六大方面 60 个具体改革事项的三年行动计划，这标志着浦东新区的改革动力由主要依靠政策优惠与投资拉动，转向主要依靠体制创新和扩大开放。在各方指导支持下，浦东新区相继推行 40 余项改革措施，在体制机制法制方面扫除障碍。

二是 2009 年将南汇区正式划入浦东新区，浦东新区的面积达到原来的两倍多，为 1210.41 平方公里，在更大空间内助力浦东围绕上海国际经济、金融、贸易、航运"四个中心"打造核心功能区，促使浦东开发能量向周边辐射。上海中心、上海船厂地块一批功能性项目得以加快建设，跨国公司总部得以迅速集聚拉动贸易增长，重点项目迪士尼、商用飞机研发与总装制造、张江高科技园区南扩也得以统筹配套全方位推进。原南汇区的并入也使浦东新区开启了"二次创业"的新征程。此后仅用一年，浦东新区的 GDP 就已经达到了 4707 亿元。

三是为开发浦东新区整体功能，迎接世博会，"十一五"期间浦东投入 1500 多亿元，完成深水港、航空港、越江工程、轨道交通等一批重大基础设施建设，初步形成融入上海、面向世界、辐射长三角的基建网络体系。利用世博效应，浦东开发不断深化拓展，实现了从重点园区开发到全区范围内的综合功能开发，从生产功能开发到生产、生活、生态功能的整体开发，从城市地区开发到城乡发展一体化开发的三方面跨域。

（四）浦东开发开放战略的创新转型

党的十八大标志着中国特色社会主义进入了新时代，浦东开发开放也进入创新转型的发展阶段。早在 2007 年 3 月 31 日，时任中共上海市委书记的习近平同志，在浦东新区调研时强调：第一，浦东带动上海实现历史性大跨越的同时已经成为中国现代化建设的缩影及改革开放的窗口。第二，要从国家战略的高度来深刻认识浦东开发的战略意义，增强做好改革开放排头兵的自觉意识。第三，要着力推进浦东开发开放的综合配套改革，充分发挥浦东的示范带头作用与核心功能作用。2010年9月，时任国家副主席的习近平同志在浦东调研时指出："对于浦东开发开放来说，增加一些经济总量固然是好事，但是浦东开发开放的意义不仅限于此，而在于发挥浦东的窗口作用和示范意义，在于敢闯敢试、先行先试，在于排头兵、试验田的作用。"

2012年以来，以习近平同志为核心的党中央对上海作出了一系列重要指示，要求上海当好全国改革开放排头兵、创新发展先行者。上海市委要求浦东当好排头兵中的排头兵、先行者中的先行者，勇当新时代全国改革开放和创新发展的标杆。面对新时代使命，浦东充分发挥开发开放的示范引领作用，加快推进自贸试验区、科创中心等国家战略落地落实，提升创新能级，掀起新一轮发展热潮，加快推进上海国际经济、金融、贸易、航运、科技创新"五个中心"建设。

2013年9月，浦东以中国（上海）自由贸易试验区建设为引领，对标国际最高标准、最好水平，并为其赋予更大改革自主权，在投资、贸易、金融、事中事后监管等领域开展120多项制度创新成果向全国复制推广，为我国构建开放性经济新体制探索新途径，积累新经验。其中，以负面清单管理为核心的外商投资管理制度，自2013年首次发布到目前最新版，历经多次瘦身，条目从190条精减至21条，极大促进了法治化、国际化、便利化的营商环境的营造。2019年8月，又新增临港片区作为自贸试验区新片区，致力于产业能级提升，促成新时代改革开放又一重要支撑，带动上海对接国家"一带一路"与长江经济带建设，发挥辐射及带动作用。

2015年，张江国家自主创新示范区开展与上海自贸试验区"双自联动"建设，为创新政策叠加、体制机制共用、服务体系共建提供了机遇，推动产业科技创新资源有机融合，中国芯、创新药、智能造、蓝天梦、未来车、数据港"六大硬核产业"集聚发展，发挥科技创新中心核心功能区效能。其首创的"跨国企业联合孵化模式"对全球优秀创新因子发挥虹吸效应，吸引了一大批知名跨国公司总部和研发中心落户，全力推动上海科创中心建设。

经过30多年的发展，浦东以改革开放的排头兵、创新发展的先行者为使命，开发开放战略不断迈上新的台阶，经济规模质量不断实现新的突破，全球资源配置能力得到显著提升。2020年11月，习近平总书记莅临浦东开发开放30周年庆祝大会，明确提出，要立足于"两个大局"，研究制定支持浦东新区高水平改革开放的战略意见，推动浦东新区打造社会主义现代化建设引领区。2021年7月，《中共中央国务院关于支持浦东新区高水平改革开放打造社会主义现代化建设引领区的意见》(以下简称《意见》)正式公布，标志着浦东新区立足新发展阶段，肩负起新使命，踏上了更高水平改革开放的新征程。

二、浦东开发开放的经验总结 ①

(一)立足国家战略，勇挑改革开放"排头兵"历史重担

20世纪90年代初，党中央、国务院将浦东开发开放作为我国进一步对外开放的重要部署，给予浦东一系列包含而又高于以往经济技术开发区、经济特区的政策支持，涉及基础设施建设、对外开放投资、税收、土地等方面。在国家的战略要求和政策支持下，从一个到一群，一场精彩的浦东开发开放大戏拉开序幕，全国第一个金融贸易区、第一个出口加工区、第一个保税区、第一家证券交易所等，深刻体现出浦东在改革开放中

---

① 参见王玉：《走在开放最前沿　迈向改革深水区》，载于东方网 https://www.sohu.com/a/430663985_120823584，2020年11月9日。

作为"排头兵中的排头兵"的担当。然而,"排头兵"也意味着勇气与探索,在面对突破发展瓶颈、探索综合改革新路径时,对于浦东攻坚克难的执行力则是重大考验。在此过程中,浦东积极探索、科学决策,开创了土地对外批租、土地二级运转及国资开发公司与园区模式,通过生产要素的开发,善用活用外商外资,激活城市快速开发活力。

进入 21 世纪后,中国改革开放向更深层次发展,党中央再次做出一系列重要指示,要求浦东继续当好开路先锋,精耕服务国家战略的试验田,发挥示范引领的作用。浦东结合新世纪新形势,率先开展系统性、配套性改革,向国家争取成为首个综合配套改革试点,并提出不要政策、不要项目、不要资金的"三不"原则,探索体制创新和扩大开放的全新发展思路。

党的十八大以来,浦东又率先承担起国家首个自贸试验区建设,被视为中国新一轮改革开放的标志性试点,配合首个综合性国家科学中心建设,探索出一批可供复制推广的制度性成果。2018 年是改革开放 40 年,面对发生深刻复杂变化的国际政治经济形势,习近平总书记发出改革开放再出发的动员令,浦东开发开放站在了新的起跑点。在更大力度的支持与赋权保障下,浦东全力开展起产业能级、项目投资、功能优势、土地效益、服务效能"五大倍增行动",特斯拉落户临港是全球外资进入存量时代后,浦东开放走向新的阶段的重要标志,为新时代中国特色社会主义经济建设以及国家重大战略部署源源不断地提供"浦东经验"。

(二)对标国际一流,打造具有全球影响力的经济增长极

浦东是上海的浦东,也是中国的浦东,既要代表上海这个国际大都市参与全球城市竞争,也要体现中国参与全球竞争的一流水平。为此,浦东始终站在开发开放的前沿,当好全国改革开放的"排头兵",同时坚持追求"世界一流",对照国际最高标准、最好水平,主动引领经济全球化健康发展。20 世纪 90 年代初，面对新科技革命带来经济全球化尤其是经济重心向亚太地区转移的趋势，中国选择将上海作为与国际一流城市对话的代表，浦东由此也就成为重要开放、发展平台，参与全球合作与竞争，在国家赋予上海"五个中心"建设方面发挥核心作用，努力打造全球影响力的经济增长极。

上海自贸试验区作为浦东对标世界最高标准、迈向对外开放新高地的综合改革试验区，在更高层次上发挥先行先试的作用，积极推动贸易和投资自由化、便利化。所谓"综合改革"，指的是全面、系统性的改革，"试验区"则指的是具备"试点、试验"功能的区域，以检验某种新制度或新模式的效果，这就意味着上海自贸试验区在推进开放度最高的自由贸易园区建设中既遵循系统性又遵循率先性的。上海自贸试验区在突出改革的系统集成方面，注重顶层设计和总体规划，从全局和长远出发，围绕制度创新的系统性、整体性、协同性筹划改革的战略目标和重点，从各类市场主体平等准入和有序竞争的投资管理体系、促进贸易转型升级和通关便利的贸易监管服务体系、深化金融开放创新和有效防控风险的金融服务体系、符合市场经济规则和治理能力现代化要求的政府管理体系"四个体系"进行健全完善，最终形成综合改革态势。[①] 而在上海自贸试验区改革的率先性则说明整体推进的同时重点突破、大胆试验，不断把改革引向深入，如发布我国首张外商投资准入负面清单，率先试行"证照分离"、建立国际贸易"单一窗口"等，在跨境金融、离岸金融、离岸贸易、数字经济、知识产权保护等领域都有一定突破性、引领性的改革举措。特别是面对近年

---

① 《上海自贸区"3.0 版"将更加突出改革系统集成　重点提升政府治理能力》，载上海市人民政府网 https://www.shanghai.gov.cn/nw39344/20200821/0001-39344_1220054.html，2017 年 4 月 2 日。

来国际逆全球化潮流，上海自贸试验区交出的中国方案更致力于引导新一轮全球投资贸易规则体系的构建，成为坚持全球化的样本。这些创新探索又为顶层设计提供了实践基础，使得上海自贸试验区的发展做到了理论与实践的有机结合，提升改革开放政策的有效性和可操作性。

此外，浦东在上海金融中心、航运中心、科创中心建设中也坚持与全球最高标准对接。举措包括建成与国际上金融市场体系相当的种类完善、功能发展、国际资源配置能力强大的金融中心核心功能区，推进与国际接轨的航运制度改革、持续优化航运营商环境，打造具有全球影响力的科技创新中心，形成国际领先的科技产业化和人才保障的发展环境等。浦东开发开放的大胆尝试，为营造国际一流营商环境奠定了坚实基础，不仅能够稳定市场预期、释放市场主体活力，更有助于吸引外资并提升我国经济的国际竞争力。

（三）注重引领带动，服务长三角区域经济转型升级

浦东开发开放是面向国际高水平的对外开放，也是引领和辐射上海、长三角乃至全国的对内开放。浦东围绕国家区域发展的总体战略，坚持更好地服务长三角、服务长江流域、服务全国。从 20 世纪 90 年代初，党中央要求将浦东开发开放作为龙头进一步开放长江沿岸城市，到 2018 年已发展成为长三角城市群标杆的浦东又以更大的力度谋划和推进上升为国家战略的长三角一体化发展，浦东开发开放始终将与兄弟地区共享产业升级、制度创新与扩大开放等方面的改革发展成果作为重要任务，在更大区域空间内释放了浦东开发开放红利。

在浦东开发开放的窗口作用和示范意义发挥下，显著带动了长三角区域经济转型升级及对外开放深化。一方面，促进长三角地区产业结构的调整和优化。浦东通过产业园区转移与承接，将相对成熟的园区资本运作方式与运作模式等经验复制推广，依托不同省市之间的比较优势，强化了长三角区域内产业协作与内引外联，不仅浦东产业园区向外省市走出去，一些经济实力强又有研发需求的城市也主动来到浦东产业园区通过科创协作实现利益共享，形成生产要素的"双向流动模式"，从而提升整个长三角地区产业竞争力。另一方面，提升长三角地区对外开放水平。上海自贸试验区在对标国际最高标准的制度创新方面形成了系列成果，对于地理位置毗邻、商品经济发达的长三角地区具有直接的指导意义与示范作用。长三角紧随浦东脚步进行管制、税制及法制改革，开放速度和质量明显改善，不断向国际一流的营商环境靠拢，加快与国际市场的接轨，同时更有利于长三角"一带一路"桥头堡中心枢纽的打造。

浦东还为长三角地区提供了交通设施、金融资本、高端人才的对接便利。在交通设施方面，从空间规划、交通联络及港口发展入手加强区域沟通与协调，提升城市间资源配置效率，加强浦东的辐射功能。在金融资本方面，浦东利用自身金融资源的禀赋优势，依托长三角金融市场平台，与长三角区域的市场需求有效结合。在高端人才方面，浦东从签证及落户审批改革、职业资格认证国际化、基础设施完善等方面着手，为长三角人才一体化流动创造了便捷条件，成为长三角集聚全球高层次人才的有力支撑。在浦东开发开放的带动效应下，长三角日益成为我国经济最具活力、开放程度最高及创新能力最强的区域。

（四）立足本土发展，助力上海"全球卓越城市"建设

浦东开发开放既是理念和思想的开放，也是对外资、民企的开放，更是制度创新的开放。对于着力打造社会主义现代化国际大都市的上海来说，要在全球城市网络中占据重要位置，就需要在制度上形成相应优势。浦东开发开放创造了诸多"全国第一"，这些新事物、新方法、新模式的

诞生，内含了开放性制度的渐进演变。这种着眼于制度创新的开放模式，反过来又为城市的开放优势奠定内生基础，同时为其他地区和城市提供可资借鉴的复制模式和经验。

浦东开发开放从特殊政策优势到制度创新形成的体制优势的转变中，行政体制改革是关键性和超前性的重要环节，政府治理先行区初步形成，政府和市场关系不断优化。在机构改革方面，遵照精简高效原则，科学设计政府组织结构及编制管理，加强机关行政效能建设；在职能转变方面，大力推进简政放权、放管结合以及优化服务改革，改善营商环境；在服务创新方面，落实互联网＋政务服务，打造"三全工程"，提升政府现代化治理水平。这些政府管理新模式和运作新体制使得上海逐渐具备与全球城市相匹配的管理体系，也成为全国各地政府打造开放型经济管理体制的重要参照。

在与浦东开发开放相适应的政府职能转变基础上，市场环境不断完善，开放的广度与深度显著提升。在土地、资金、技术以及劳动力等生产要素配置市场化方面先行先试，探索多元化融资方式和土地开发新方式，促进土地资本加快向货币资本的转化。进入中国社会主义建设发展新时代，浦东秉持高科技先行的产业发展理念，积极推动产业结构调整和创新，以中国芯、创新药、蓝天梦、未来车、智能造、数据港"六大硬核产业"来建设具有国际竞争力的产业新高地，促进上海融入全球分工体系。在率先开展自贸试验区建设以来，浦东构建的投资、贸易、金融与事中事后监管成为制度创新的集中体现。此外，浦东在综合配套改革以及张江自主创新示范区建设方面积累了丰富经验，这些都为上海提升城市能级和核心竞争力提供了制度优势，推动上海建成与我国经济实力和国际地位相匹配、具有全球资源配置能力的国际经济、金融、贸易、航运和科创中心功能体系。

（五）坚持思想解放，提升浦东可持续发展动力

2020 年 11 月，习近平总书记莅临浦东开发开放 30 周年庆祝大会，明确指出"浦东开发开放 30 年的历程，走的是一条解放思想、深化改革之路，是一条面向世界、扩大开放之路，是一条打破常规、创新突破之路"，反映了总书记对浦东开发开放战略实践与经验的精辟概括，也说明了浦东开发开放是解放思想、深化改革的必然产物。解放思想，意味着树立改革创新的观念，以更大决心气魄把改革开放不断推向深入，大力破除思想观念的束缚与体制机制的障碍，敢于创新，勇于探索，在探索中找出路、在应变中求突破、在创新中促发展。

党的十一届三中全会为我国拉开了改革开放的序幕，当时的上海虽然也开展了诸多探索，但囿于各种历史原因并未取得显著的发展成效。如何突破困境实现振兴发展成为首先需要解决的关键问题，因此，上海解放思想、跳出窠臼、深化改革，在 20 世纪 80 年代围绕经济发展战略展开详细研究、深入论证，高瞻远瞩地提出了开发浦东的战略设想。在随后的思想解放进程中，开发浦东战略的实践不断推进，进一步坚定了上海开发浦东的决心与信心。90 年代初，在国家的支持下，浦东开发开放大步迈进，步入发展快车道。敢为天下先的浦东，从无到有，实现了一年一个样，三年大变样。进入 21 世纪，综合配套改革试点地区、自贸试验区、科创中心的建设为浦东创造了前所未有的历史机遇，也为浦东带来了前所未有的重大挑战，浦东继续解放思想、大胆创新，打破路径依赖和思维定势，反对一切形式的固步自封、因循守旧和畏首畏尾，破除一切"框框"的行为束缚和"本本"的思想禁锢，强调改革举措系统集成，推动形成更为稳定成熟的制度体系，也让人民群众在浦东发展改造中拥有更多、更直接、更实

在的获得感、幸福感、安全感。最终使浦东从原本以农业为主的区域，摇身一变发展成为一座功能集聚、设施先进、要素齐全的现代化新城，也使得解放思想、深化改革成为浦东开发开放可持续发展的根本动力源泉。

浦东开发开放的生动实践与显著成就，蕴含了丰富的经验启示。思想决定行动，思路决定出路；开放带来进步，封闭必然落后。要想在改革开放上有所突破，就必须有思想上的破冰，敢闯敢试、敢为人先，不断攀登新高峰、展现新气象、续写新传奇。

第二节　浦东更高水平改革开放的全新内涵

2021 年 7 月 15 日，《中共中央国务院关于支持浦东新区高水平改革开放打造社会主义现代化建设引领区的意见》正式对外公布，标志着引领区建设大幕的全面拉开。新征程上，浦东应抓住这一重大历史机遇，积极作为、有效作为、主动作为、创新作为，勇当"更高水平改革开放的开路先锋"，进一步为中国深化改革、扩大开放、构建新发展格局提供强劲强大驱动力。这也要求我们紧紧围绕党中央赋予浦东的战略定位与发展目标，深入学习、认真领会"更高水平改革开放的开路先锋"的丰富内涵，确保朝着社会主义现代化建设引领区建设的正确方向前进。

一、更高水平改革开放的目标内涵

浦东"引领区"建设目标需要从国家整体统筹部署的层面来理解。2021 年 7 月 9 日，中央全面深化改革委员会第二十次会议上审议通过《关于加快构建新发展格局的指导意见》，准确把握新发展阶段，深入贯彻新发展理念，加快构建新发展格局，着力推动高质量发展，成为新时代我国发展的指导思想。而具体到实践层面，则体现在依托深圳建设中国特色社会主义先行示范区、浦东打造社会主义现代化建设引领区、浙江高质量发展建设共同富裕示范区的推进，来实现改革开放的重大突破。那么，社会主义现代化建设引领区，为什么会选择浦东?

浦东新区具有引领的基因。20 世纪浦东新区的开发开放就是国家战略的产物，正如习近平总书记在 2010 年调研浦东所说的，"浦东发展的意义在于窗口作用、示范意义，在于敢闯敢试、先行先试，在于排头兵的作用"。在浦东建设全国首个新区的先行先试基础上，有 19 个国家级新区先后成立，① 而继 2013 年浦东成立全国首个自贸试验区以来，又有 21 个自贸试验区先后成立。② 发展到了今日，浦东的先行先试变成了示范引领，可以说是党中央在新时代赋予浦东一系列使命任务的升华和集成。过去，中央交给各个地区或为"先行区"，或为"试验区"，抑或为"示范区"，但为一个地区量身定制"引领区"这样的属性则尚属首次，浦东也由此和社会主义现代化建设最为直接、最为紧密地联系起来。

浦东这样一个全新的历史方位和使命，应放在中华民族伟大复兴战略全局、世界百年未有之大变局这两个大局中加以谋划，放在构建以国内大循环为主体、国内国际双循环相互促进的新发展格局中予以考量和谋划，

---

① 截至 2021 年，全国 19 个国家级新区包括：上海浦东新区、天津滨海新区、重庆两江新区、浙江舟山群岛新区、甘肃兰州新区、广东南沙新区、陕西西咸新区、贵州贵安新区、山东西海岸新区、辽宁金普新区、四川天府新区、湖南湘江新区、江苏江北新区、福建福州新区、云南滇中新区、黑龙江哈尔滨新区、吉林长春新区、江西赣江新区、河北雄安新区。

② 截至 2021 年，全国 21 个自贸试验区包括上海、广东、天津、福建、辽宁、浙江、河南、湖北、重庆、四川、陕西、海南、山东、江苏、河北、云南、广西、黑龙江、北京、湖南、安徽。

这样的时代背景也意味着浦东仍然要勇于挑最重的担子、啃最硬的骨头，以下列目标为导向，着手创造更多制度创新的样本和范例，为全国下一阶段的改革开放探路。

一是推动经济高质量发展、建设现代化经济体系。2018 年浦东就已加入了"万亿 GDP 俱乐部"，成为国内第一个 GDP 万亿市辖区，2020 年浦东 GDP 为 13207.03 亿元，是 1990 年 60.24 亿元的 219 倍，浦东以全国 1/8000 的面积创造了 1/80 的 GDP，[①] 达到中上等发达国家水平。聚焦社会主义现代化建设引领区的重大使命，浦东将发挥既有优势，通过产业能级、项目投资、功能优势、土地效益、服务效能"五大倍增行动"，助推区域经济总量及人均可支配收入再次大跨步踏上新台阶，助推现代化经济体系全面构建。

二是发挥闯关夺寨、探路破局的作用。改革开放的第一个 40 年取得了显著成效，下一个 40 年我国即将面对更加艰巨的任务、更加沉重的改革担子，到了"啃硬骨头"的阶段。浦东更高水平改革开放开路先锋的新定位，就意味着仍需传承和发扬浦东在开发开放初期敢闯敢干的精神，坚定走面向世界、扩大开放之路，瞄准首创性改革、推行引领性开放、加速开拓性创新，育先机、开新局，在改革开放新的攻坚阶段再次闯出一条新路。

三是打造全方位开放前沿窗口。浦东作为中国改革开放的一张王牌，是更好地向世界展示中国理念、中国精神、中国道路的重要窗口，关系到国际社会对中国社会主义现代化建设的理解和评价。浦东"引领区"的打造，应继续承载好这份前沿窗口重大责任和使命，站在全局高度，主动承

---

① 转引自历年国民经济与社会发展统计公报、上海市国民经济和社会发展统计公报。

担国家重大战略任务，探索具有中国特色、体现时代特征、彰显我国社会主义制度优势的现代化城区发展之路，以引领之姿向世界展示中国成就和社会主义。

二、更高水平改革开放的标准内涵

中央为浦东社会主义现代化建设引领区赋予了前所未有的"顶格定位"。无论是开路先锋、时代标杆、功能高地，还是典范引领、示范样板，各类表述都落脚于习近平总书记反复强调的"更高标准、更高水平"。如此高密度地为一个地方的发展战略配以高规格定位，确属少见。在这一系列有利政策助力下，浦东获得了更大的改革发展自主权，成为促进更高水平改革开放的强力支持，而对"更高水平"这一标准的理解与把握则关乎改革开放事业下一步发展的广度和深度。

"更高水平"标准代表着中国改革开放的更大决心。浦东的改革开放是一项与时代同行的伟大事业，见证了中国改革开放发展的光辉成就。30多年前，中央用浦东这张王牌吸引了全世界的关注，对外展示了中国推行改革开放的坚定决心。如今，步入新时代，站在新起点，浦东将全力构筑新时代更高水平改革开放的引领示范区，面向全球代表中国深度参与国际合作与竞争，率先打造国内大循环的中心节点和国内国际双循环的战略链接，奋力创造新时代改革开放的全新奇迹，这也是中国坚持对外开放承诺的再次体现，向全球展示出中国致力于在更加开放的环境中实现更高质量发展的决心。

"更高水平"标准代表着中国改革开放的更高要求。在过去开发开放实践中，浦东的发展着力点更多是立足"对标"。而在新征程上，浦东既要继承发扬过去成功的经验做法，又要依据 CPTPP 等高标准国际经贸规

51

则，探索更高水平的制度性开放，继续完成需要"对标"的各项事业。更重要的是，上海应顺应时代潮流，努力成为"最高标准、最高水平"，展现浦东的创造创新能力。为了实现这个目标，追求卓越的发展取向必须更加坚定，改革开放的各项工作都要树立争第一、创一流的意识，在规则、规制、标准、管理等制度型开放方面勇当标杆、敢为先锋。

"更高水平"标准代表着中国改革开放的更深层次。对于已经迈入改革开放深水区的浦东而言，亟须更加细致精微的改革策略，奋力推进系统性、深层次的改革创新。因此需要浦东兼顾各方，做好统筹协调和关键环节改革工作，从事物发展的全过程、产业发展的全链条、企业发展的全生命周期出发来谋划设计改革，加强重大制度创新的充分联动和衔接配套，放大改革综合效应。

"更高水平"标准代表着中国改革开放的更大平台。中央通过社会主义现代化引领区的打造为浦东未来 30 年的发展擘画了宏伟蓝图，届时浦东将建设成为在全球具有强大吸引力、创造力、竞争力、影响力的城市重要承载区，城市治理能力和治理成效的全球典范，社会主义现代化强国的璀璨明珠。这是一份美好的期许，更是一份沉重的嘱托，浦东将在国家第二个百年奋斗目标指引下，沿着城市功能完善与治理能效提升两条路径不断发展完善，为改革开放提供更大平台，展现新气象、创造新奇迹。

三、更高水平改革开放的功能内涵

浦东在打造社会主义现代化建设引领区这一伟大事业中，应准确把握构建国内大循环的中心节点和国内国际双循环的战略链接的核心功能。中国构建新发展格局的关键就在于畅通经济循环，依托重要节点功能的发挥，突破影响循环发展的阻碍瓶颈，为形成有机统一的经济发展格局提供强劲支持，这就是浦东应承载的功能使命。

对外，要推动中国先进水平"走出去"，打响国际品牌。一是从要素开放向制度开放全面拓展，加快建立与国际通行规则相互衔接的开放型经济新体制，为我国进一步参与全球经济治理积累有益经验；二是从投资贸易便利化向自由化全面拓展，推进中国（上海）自由贸易试验区及临港新片区的先行先试，打造更具国际市场影响力和竞争力的特殊经济功能区，加大开放型经济的风险压力测试；三是努力将全球范围内优质人才、技术、资金等要素"引进来"，探索出符合我国国情、体现高质量发展要求的路径方式；四是当好服务"一带一路"建设的桥头堡，完善"一带一路"投资贸易服务功能，推动优势产业的全球布局，拓展与"一带一路"沿线国家的贸易便利化合作；五是从扩大对外开放向统筹推进对内对外开放全面转型，成为国内外要素、市场、产能、规则的双向链接和全球产业链、供应链、价值链的重要枢纽。

对内，要带动形成高质量供给，率先建立现代化经济体系。一是推动经济发展质量变革、效率变革、动力变革，提高全要素生产率，引领创造新需求，以浦东社会主义现代化建设引领区的发展带动上海的发展，联动长三角一体化的发展，进而促进我国经济总体效率的提升，推动国内经济大循环更加畅通；二是紧扣浦东在上海国际经济、金融、贸易、航运和科技创新的"五个中心"建设中的承载的重要功能，充分发挥制度创新优势，打造前沿产业高地，形成贸易结构更完善、贸易主体能级更高、资源配置能力更强、贸易功能更突出的国际贸易中心核心区；三是在畅通流量通道上下功夫，加快建设枢纽型的大交通、综合性的大市场、开放型的大平台、智能化的大设施，打造辐射全球的贸易枢纽，大力发展离岸贸易、转口贸易、跨境电商、数字贸易，推动上海融入全球价值链、供应链体系，为更好利用国际国内两个市场、两种资源提供战略通道。

四、更高水平改革开放的原则内涵

中国改革开放的发展历程，离不开科学世界观和方法论的指导。习近平总书记在庆祝改革开放 40 周年大会上强调，"必须坚持辩证唯物主义和历史唯物主义世界观和方法论，正确处理改革发展稳定关系"。这条宝贵经验也是改革开放成功与否的基础性、前提性和普遍性的经验。对于浦东高水平改革开放、打造社会主义现代化建设引领区这样一项长期系统工程，同样需要把握好节奏，正确处理改革发展稳定关系，准确把握以下几个方面的具体原则：

一是积极稳妥推进原则。当好更高水平改革开放开路先锋需要树牢风险防范意识，做到防风险与促发展同步部署、同步推进、同步落实。在改革开放大胆试、大胆闯的实践进程中，总会面对各种不确定性，不断出现新情况、新问题，风险也随之产生。如果因为惧怕承担风险而停滞不前，不在更高起点、更高层次、更高目标上将改革开放推向深处，不仅可能导致浦东错失发展机会，未来还可能滋生更多、更大、更复杂的风险。因而，应守住不发生系统性风险底线，建立完善与更大力度改革开放相匹配的风险防控体系，为浦东改革开放再出发保驾护航。

二是"摸着石头过河"和顶层设计相结合原则。"摸着石头过河"强调实践探索，顶层设计强调理论指导，是改革进程自下而上与自上而下的贯通衔接，也是微观与宏观、局部与全局的统一。从深圳的中国特色社会主义先行示范区到浦东的社会主义现代化建设引领区，都印证了这个趋势。在该原则指导下，中央层面的战略部署和地方层面的主动作为应密切结合起来，首先需要中央在整体上制定战略规划，对改革开放的根本原则方向做出规定，为改革开放中的重大问题出台相应的政策性、制度性措施，而地方则可以根据实际情况对具体问题展开具体分析，探索具体实践路径。特别是对短时间内尚未有法律法规或者明确规定的领域，允许地方先行制定相关管理措施，按程序报备实施，探索形成的好经验好做法，适时以法规规章等形式固定下来。如此不仅让改革确立了明确的目标指向，而且能够更好地让改革目标在实践中得以落地，并在这个过程中实现实践创新、理论创新、政策创新、制度创新的有机统一。

三是试点先行和全面推广相促进原则。在实践活动中，制定一种政策或制度，并不只是针对个别问题，而是要普遍执行实施。如果政策与制度有问题，就会产生普遍的不良后果。因此，需要先行开展试点探索，从个别地方、局部地区的实践经验中，总结出行之有效的做法措施，继而经过理论总结分析，上升到政策及制度层面，再加以推广执行落实，并根据实际情况不断进行调整完善。浦东在推动更高水平改革开放事业中，提出更好发挥中国（上海）自由贸易试验区及临港新片区"试验田"作用，对标最高标准、最高水平，实行更大程度的压力测试，在若干重点领域率先实现突破，相关成果具备条件后率先在浦东全域推广实施。这一原则方法实际上也就是"摸着石头过河"，试点探索、谨慎推广。

五、更高水平改革开放的组织内涵

中国共产党领导是中国特色社会主义的最本质特征，是实现高质量发展的根本保证。回顾浦东开发开放的实践历程，能够在 30 多年间取得如此辉煌的成就，最关键的因素是浦东始终贯彻落实党的全面领导，以一流党建引领浦东各项事业的发展。打造社会主义现代化建设引领区，坚持和加强对浦东高水平改革开放各领域环节的领导，提高党把方向、谋大局、定政策、促改革的能力和定力，充分发挥党组织引领作用，既是重要内涵，也是重要保障。

充分发挥党组织引领作用，一是要以提升组织力为重点。中国共产党是一个有严肃组织原则、严格组织纪律、严密组织体系的马克思主义政党，具有强大组织动员能力，这是有别于其他政党的显著特征。浦东社会主义现代化建设引领区打造中的基层党组织建设，将着眼于提升组织力、强调政治功能，引导基层党组织以及广大党员同志在推动浦东更高水平改革开放中发挥先锋模范作用和战斗堡垒作用。在组织建设中，落实完善精准考核、奖惩分明的机制，把因缺乏经验先行先试出现的失误与明知故犯行为区分开来、把国家尚无明确规定时的探索性试验与国家明令禁止后的有规不依行为区分开来、把为推动改革的无意过失与为谋取私利的故意行为区分开来的"三个区分开来"要求具体化，建立健全干部担当作为的激励和保护机制，大力营造勇负责、敢担当、善创新的良好氛围。

二是要保持"集中力量办大事"的显著优势。"集中力量办大事"是我们党带领人民在长期实践探索中创造的智慧结晶，是我们党的优良传统和一贯主张。众志成城，方可创造伟业。改革开放以来，我们党始终注重组织动员方法、资源调配方式的不断创新、不断强化、不断发展，既充分发挥市场在资源配置中的决定性作用，又发挥政府整合资源、统筹调配的作用。浦东引领区建设作为新时代我国改革开放的攻坚之役，也是党领导下"集中力量办大事"制度优势的充分体现，而这一制度优势也势必将托举起浦东发展的更大成就。

三是注重处理好党的组织动员与人民群众首创精神的关系。在中国这样一个大国推行改革开放事业，意味着将面临诸多复杂问题及复杂关系，要顺利推进改革开放，必须有一个坚强有力的政治领导核心。浦东打造社会主义现代化建设引领区要始终坚持党的集中统一领导，保证更高水平改革开放能够沿着正确的道路和方向前进，照顾社会各方面意见，协调社会各方面利益关系，及时纠正改革开放过程中出现的偏差，避免改革开放过程中出现严重失误。同时，强调人民群众是国家的主人，要充分尊重人民的首创精神，也就是要尊重人民主体地位，尊重人民群众在实践活动中所表达的意愿、所创造的经验、所拥有的权利、所发挥的作用，努力发掘在人民群众中蕴藏的创造伟力。因此，应鼓励人民群众解放思想、积极探索，善于从大家关注的引领区建设焦点、难点中寻找高水平改革开放的切入点，推动顶层设计和基层探索实现良性互动、有机结合。最终在浦东推动更高水平改革开放的伟大实践中，实现党的组织动员与人民群众的首创精神相互促进、高度统一。

六、更高水平改革开放的首创内涵

在历经浦东开发开放 30 多年发展之后，浦东、上海乃至中国进一步跃升的起点，已经完全不同于往昔。更高水平的改革开放，一方面需要在关键领域环节予以更大力度地突破，另一方面亦需要开展更深层次、更为全面的探索。这也正是打造引领区的用意所在。这并非一般意义上的先行区、试验区、功能区、示范区，当然，对浦东而言，这样的角色也是需要扮演的，但其承担使命不止于此。在新的关口，浦东应该成为一个全方位的引领样板，带头实现战略突围，克服阻碍瓶颈、开辟全新路径，进而帮助上海乃至全国在国际竞争中把握战略主动。在中央此次为浦东更推行高水平改革开放的意见中，赋予浦东一系列具有重要分量的重大任务、重大项目、重大支持，还有很多内容更是首次提出。浦东也将围绕这些方面多措并举，引领新一轮开放、打造首创性改革策源地。①

一是首次提出全域特殊经济功能区。建设特殊经济功能区，是习近平总书记2018年对上海自由贸易试验区建设提出的明确要求。现在中央要求浦东打造"全域特殊经济功能区"，实质上是允许浦东将对那些国家战略需要、国际市场需求大、对开放度要求高但目前其他地区并不具备实施能力条件的重点领域中具有较强国际市场竞争力的开放政策和制度，在全域开展试点。这不仅意味着压力测试更大、开放水平更高、营商环境更优、辐射功能更强，也意味着浦东全域将率先建立与国际通行规则相互衔接的开放型经济新体制，无疑为浦东敢闯敢试、先行先试提供了巨大的发挥空间。

二是首次提出制度型开放试点并同时赋予综合性改革试点任务。习近平总书记在浦东开发开放30周年庆祝大会重要讲话中，要求浦东探索开展综合性改革试点。中央对于浦东打造社会主义现代化建设引领区的支持意见中，又根据总书记提出的深入推进高水平制度型开放的要求，创造性地部署开展制度型开放试点。这两项重大试点任务叠加，进一步为浦东赋予了更大的改革自主权及开放新空间。

三是首次提出比照经济特区法规授权地方制定法规。改革和法治如车之两轮、鸟之两翼，改革既要勇于突破不合时宜的制度规定的限制，又必须做到于法有据，确保在法治的轨道上推进。按照中央的要求，浦东要勇于挑最重的担子、啃最硬的骨头，为履行这一艰巨使命，浦东需要得到充足有力的法治保障。根据中央对于社会主义现代化建设引领区的重大战略部署，需要建立和完善与支持浦东大胆试、大胆闯、自主改相适应的法治保障体系。全国人大的授权决定，使得浦东开发开放的制度供给能力得到了前所未有的提

① 王德忠等：《浦东社会主义现代化建设引领区：逻辑演进与战略路径》，格致出版社2023年版，第46—47页。

升，更为浦东乃至整个上海的改革发展提供了重大历史机遇。

此外，还首次提出构建与上海国际金融中心相匹配的离岸金融体系，设立"国际金融资产交易平台"；首次在中央文件中提出构建经济治理、社会治理、城市治理统筹推进和有机衔接的治理体系；首次提出建设国际消费中心，要培育消费新模式新业态，引领带动国内消费升级需求，真正成为具有全球影响力、吸引力的国际消费中心；首次提出建设一批高能级的功能性平台，将成为浦东强化功能的重要载体；等等。过去的 30 多年，浦东从浦江东岸的"一片农田"华丽转身，变成了一座现代化新城，创造了无数个"第一"，取得了举世瞩目的发展成就。如今，在全新的历史起点上，浦东又被赋予了无数"首次"的首创重任，将推动高水平改革开放并建设成社会主义现代化建设引领区。开路先锋，还看浦东。

第三节　浦东更高水平改革开放面临的新形势与新要求

世界正处于百年未有之大变局。在全球经济深度调整、产业与技术革新变化的大背景下，我国始终坚持开放型发展道路不动摇。面对国际经贸规则重大变革、我国经济由高速增长转向高质量发展的新形势，实现新一轮高水平改革开放是进一步深入融入全球的必然要求。[1] 而一直以对外开放为核心的浦东，必然要适应新的形势，秉承国家赋予的社会主义现代化建设引领区这一全新的历史使命，积极投身参与新一轮高水平改革开放建设并作出自己最大的贡献。

---

① 迟福林：《新型开放大国的选择》，《金融经济》2019 年第 19 期。

一、国内外新形势要求更高水平的改革开放

（一）世界经济深度调整需要更高水平改革开放

全球金融危机后，世界经济进入深度调整的加速演变期。尽管贸易格局日益面临贸易保护主义严峻挑战，但经济全球化的大趋势未发生根本转变，开放依然是世界经济发展的主旋律。2020 年初，新冠肺炎疫情全球蔓延，对全球经济结构、贸易投资、宏观调控框架产生了深远影响。全球经济经历了"二战"以来最严重的衰退，主要经济体上半年经济萎缩，下半年有限反弹，全球经济复苏仍面临较大不确定性。2020 年，主要发达经济体国内生产总值（GDP）在第二季度大幅下降后，下半年有所回升，但增长动能减弱。从环比数据看，2020 年全年，美国、欧元区、日本 GDP 同比分别下降 3.5%、6.6%、4.8%。此外，世界经济复苏不稳定不平衡，容易引发部分国家走向贸易保护主义，世界贸易组织（WTO）数据显示，2020 年全球货物贸易同比萎缩 5.3%。联合国贸易和发展会议数据显示，2020 年全球直接投资大幅下降 42%，其中，发达经济体接受的外商直接投资下降 69%，发展中经济体下降 12%。[1] 尽管这个阶段全球化与区域合作呈现复杂的交错发展态势，全球经济及其发展格局持续重组分化，但开放仍然是世界经济发展的重要主题。国际贸易增速放缓既有世界经济低迷总体需求不足的因素，也有周期性因素和结构性因素，[2] 但作为工业革命和市场经济发展的必然逻辑的全球化趋势不可逆转，开放依然是全球经济发展高举的大旗和亮点所在。

---

[1] 转引自中央人民银行《中国金融稳定报告（2021）》。

[2] 戴翔、张二震：《全球价值链分工演进与中国外贸失速之"谜"》，《经济学家》2016年第 1 期。

在各国发展联系日益紧密的情况下，要素开放从宏观到微观的不断深入，更广空间、更多领域、更快速度、更多联系的开放特征更为明显。为此，对外开放质量不仅不能降低，反而有了更高的要求。近年来，美欧正朝着"零关税、零壁垒、零政府补贴"的方向努力。美国发起的《服务贸易协定》（Trade in Services Agreement，TiSA）谈判愈发重视服务贸易市场的开放和服务贸易的自由化。① 我国在服务贸易领域的外国准入限制、人员流动限制、规则透明度和制度的透明度方面还有着很大的开放和提升空间。面对全球经济贸易体制的变革以及中美贸易摩擦的常态化，我国需以更加开放的国际姿态、更高水平的开放战略，努力实现从"世界工厂"到"世界市场"的积极转变。②

（二）全球产业与技术革新需要更高水平改革开放

目前，全球经济是否从康波周期衰退阶段走向了萧条阶段，还未能完全确认。但历次从危机走出困境都有赖于新技术革命及其标志性技术的大规模产业化。从目前各种层出不穷的技术、众多国家的诸多创新举措来看，抢占技术制高点并率先形成全球引领的产业化技术，是国家竞争的优先选项。无论是标志性技术的出现，还是由此推广的大规模产业，都需要高水平的改革开放来推动科技的发展与产业的扩张。全球新一轮产业和技术革命正孕育催生，推动全球要素分工向全球创新链层面发展。③ 在工业文明向信息文明的转变过程中，哪个国家能够更早出现大规模产业化的技

---

① 程大中、虞丽、汪宁：《服务业对外开放与自由化：基本趋势、国际比较与中国对策》，《学术月刊》2019 年第 11 期。

② 王德忠等：《浦东社会主义现代化建设引领区：逻辑演进与战略路径》，格致出版社2023 年版，第 97 页。

③ 刘志彪：《从全球价值链转向全球创新链：新常态下中国产业发展新动力》，《学术月刊》2015 年第 2 期。

术革新，哪个国家就能在经济长周期中更早走向繁荣中获得先机。

全球产业与信息、网络技术的结合程度越来越高，信息和网络技术的全球性和开放性要求我国的改革开放在更高层次上展开。当前，世界主要大国正竞相制定未来国家科技发展战略，寻求提振经济发展的新一轮产业扩张，从而为经济走向复苏和繁荣提供更持久的动力。以美国为首的发达国家提出"归核化"运动的背后是机器完全取代人工的技术支持，机器之间的物联网系统使得企业做到无人自助生产。物联网的使用需要更发达的信息技术和网络技术，而这又需要在更广空间和更大范围体现网络的开放性、信息流动的全球性特点。中国在信息化、数字化方面取得了很大进展，特别是新一代互联网、5G 技术等方面取得长足进步，甚至站在科技前沿，这为中国提升国际分工地位带来了机遇。但中国能否实现未来发展的重大突破，最根本还是能否通过更高水平的改革开放，实现网络和信息的开放及其全球化布局。

（三）国际经贸规则变动需要更高水平改革开放

当前，国际贸易投资规则正呈现一系列新变化，国际经贸规则目前正经历前所未有变动，贸易格局的多边和双边同步推进，这对我国的进一步开放形成新的挑战。从贸易格局来看，当前以 WTO 为代表的多边贸易体制的权威性和有效性遭受多重挑战。随着 WTO 领导的多边贸易体制谈判陷入停滞，自由贸易协定和区域贸易协定的发展成为国际贸易格局的重点。而区域贸易协定更为注重双边或者多边贸易的公平性和对等性，也更具"有偏性"和"排他性"。[1]

从贸易规则来看，非传统贸易壁垒及相应的非传统议题成为贸易谈判

---

[1] 王德忠等：《浦东社会主义现代化建设引领区：逻辑演进与战略路径》，格致出版社 2023 年版，第 100 页。

的重点。国际经贸规则的关注重点从边境规则向边境后措施延伸，国内制度与国际规则的对接更加紧密。例如美墨加协定（USMCA）不仅涉及产业开放、原产地规则、关税及非关税壁垒等一般贸易议题，还拓展到了汇率形成机制、国有企业补贴、产业政策等非传统议题，甚至将劳工标准等敏感议题嵌入原产地标准等一般议题中打包实施。此外，竞争中立制度也是国际贸易和投资发展趋势下重点关注的内容。①

从贸易内容来看，国际经贸规则内容也正发生深刻变化，数字经济、自然人流动等成为新的关注焦点。目前美国国际贸易委员（USITC）、经济合作与发展组织（OECD）和国际货币基金组织（IMF）都已经将数字贸易作为重要的发展方向。数字技术的发展对贸易产品和贸易内容带来结构性的变化和影响，知识产权、数据流、数字产品、隐私及数据流动监管可能成为未来新的比较优势。国际经贸规则的深刻变动需要中国在融入全球经济的新征程中实现高水平改革开放。

（四）国内经济高质量发展需要更高水平改革开放

国内经济现已转入高质量发展阶段，转变发展方式，创新商业模式，优化经济结构，拓展发展空间，提高全要素生产率，将重塑中国经济发展动能。2017 年 12 月召开的中央经济工作会议指出，我国经济发展已进入了新时代，基本特征就是我国经济已由高速增长阶段转向高质量发展阶段，推动高质量发展是当前和今后一个时期确定的发展思路。经济的高质量发展高度依赖资源配置效率的不断提升、高度依赖技术变革和创新发展、高度依赖市场机制的完善和开放。只有高水平改革开放，才能克服经济发展中的固有顽疾和瓶颈，才能为中国经济发展提供新的动力和源泉，

---

① 王德忠等:《浦东社会主义现代化建设引领区：逻辑演进与战略路径》，格致出版社2023 年版，第 101 页。

释放出更新、更多的改革红利和开放收益。作为新型开放大国，我国亟需开放统筹国内国外两个市场，坚持引进来与走出去并重，以高水平开放加快建设高质量的市场经济建设加强与国际经贸规则对接。[①]

高水平改革开放是中国实现由大变强、高质量发展的必然举措。改革开放 40 余年的时间里，我国国内生产总值以年均接近两位数的速度增长。2009 年，我国成为全球第一大货物出口国，2013 年，我国成为全球第一大货物贸易国。今天，中国已成为 120 多个国家和地区的最大贸易伙伴，是世界上增长最快的主要出口市场，全球吸引外资最多的发展中国家。经过多年发展我国与世界各国经贸联系和互利往来越来越密切，我国综合国力和国际影响力实现迅速提升，但我国依然是贸易大国而不是贸易强国，依然是制造业大国而不是制造业强国。只有通过高水平改革开放，才能改变原有粗放式发展，改变大而不强的现有状态，为中国置身强国之林打下坚实基础。

二、更高水平改革开放为浦东提出的新要求

30 多年前，浦东开发开放启动，被誉为中国改革开放打出的"王牌"。30 多年后的 2021 年，中国共产党迎来了成立一百周年，中华大地实现了第一个百年奋斗目标，正在意气风发向着全面建成社会主义现代化强国的第二个百年奋斗目标迈进。面对世界百年未有之大变局，浦东又一次挺立潮头，肩负打造社会主义现代化建设引领区这一重大任务，更深层次、更宽领域、更大力度推进全方位的更高水平改革开放，在危机中育先机、于变局中开新局，成为承载中华民族伟大复兴使命的关键"先手棋"。

---

① 王德忠等：《浦东社会主义现代化建设引领区：逻辑演进与战略路径》，格致出版社 2023 年版，第 104 页。

（一）更高水平改革开放要求浦东通过新一轮开发开放倒逼国内深层次改革并取得新的突破

尽管当前经济遭遇全球化逆流挑战，但经济全球化大趋势未发生根本转变，开放依然是世界经济发展的主旋律。随着当前国内外环境的不断变化，以及一般性的制度红利逐渐消失，在此新形势下，中国要推动高水平开放，浦东就要在新一轮改革开放中肩负探路尖兵的使命。

更高质量和更深层次的开放，要在原有基础上，进一步提高开放的质量与层次，更好地对接国际最高水平的开放市场与开放规则。通过开放倒逼改革，克服全面深化改革中未能解决的深层次问题，去除体制机制中长久存在的固有顽疾和积弊。

浦东30多年的开发开放已经为上海和全国的改革开放积累了诸多创新经验，实现了诸多改革突破。比如，浦东出现了全国第一个保税区、第一个出口加工区、第一家外资银行、第一家外资保险公司、第一家外商独资汽车制造公司、第一家外商独资医院……但在目前面临改革红利衰减、边际效益减弱的新形势下，浦东作为国家改革开放战略实施的实践者，需要继续通过新一轮更高水平开发开放，倒逼更深层次改革，丰富和拓展过去30多年开发开放形成的浦东模式，为上海和全国的改革攻坚再添新助力。为推动国家开放战略再上新台阶，提供更多有益的经验和方法。

（二）更高水平改革开放要求浦东在集聚高端要素资源方面具备全球配置能力

站在全面开放的历史新起点上，新的任务赋予了浦东新的历史使命，而对标最高标准的国际视野和开放要求，为浦东站在更高起点推进更高层次的改革再开放指明了方向。

高水平改革开放需要开放战略面向全球，集聚世界范围的高端要素，在要素的集聚效应和边际效应方面处于国际前列。与吸引和集聚一般生产性要素不同，由于高端和创新型生产要素对制度环境所决定的交易成本等更为敏感，因此，对后者的吸引、集聚、整合和利用，仅仅依靠原来的"边境开放"降低流动壁垒，依靠低成本优势乃至优惠政策形成的"成本洼地"吸引效应，是远远不够的，必须依托规则等制度型开放。

以上海自贸试验区和 2019 年设立的临港新片区建设为引领，浦东聚焦投资、贸易、金融、事中事后监管等领域，率先构建与国际通行规则接轨的制度体系，推出了外商投资负面清单、国际贸易"单一窗口"、自由贸易账户、"证照分离""一业一证""六个双"政府综合监管……更多"第一个"还在浦东延续。

当前世界，科技作为第一生产力已经成为全球共识下，尖端人才和尖端公司已经成为核心的要素资源。因此，实现高水平改革开放，浦东要在国际化、市场化方面迈出更大步伐，形成更加优越的营商环境，在新一轮开发开放中吸引国内外先进水平的高端创新资源和平台。通过兼收并蓄，博采众长，集聚高端要素，把浦东打造成为全球流量经济的核心节点以及国际跨国公司的首选地。

（三）更高水平改革开放要求浦东发挥更大区域空间的有效引领、辐射和带动作用

当前，上海已经成为长三角城市群的生产服务中心、资源配置中心、对外开放的门户和外资进入中国的桥头堡。作为长三角龙头城市，上海在长三角一体化中的地位非常重要，是长三角一体化的节点城市，也是连接世界面向国际市场的重要门户，具有不可替代的作用。

目前长三角一体化已经进入快速发展的窗口期，上海、江苏、浙江和安徽在加强创新驱动全面推动各领域的合作发展上已经形成高度共识。

浦东开发开放 30 多年，见证了上海从单一功能的工业城市走向多中心、复合功能的国际化大都市。展望未来，实现高水平改革开放，要求浦东在对外开放的示范表率基础上，在对内开放方面发挥更有效的引领和带动作用。对长三角乃至国内其他区域，通过有效辐射和紧密连接，在更大空间范围内成为"走出去"的桥头堡。

高水平改革开放还要求浦东推动都市圈、城市群和区域联动发展，强化开放与协调理念的践行与共振，从而在国家区域发展战略中更好体现辐射和带动引领作用。

（四）更高水平改革开放要求浦东为上海全球城市目标建设提供更强动力和牵引力量

上海作为中国极具竞争力的国际大都市，其在全球范围内的资源配置和辐射带动功能，体现着上海和中国的国际竞争水平。作为上海全球城市核心功能承载区的浦东，理应为上海全球城市目标的建设提供更强的动力和牵引力。

浦东拥有区域以上或全球性的金融交易中心、技术交易中心、电子商务中心，辅以浦东国际机场货邮吞吐量和洋山深水港的海运功能配套。这些功能性平台和配套是全球双边和多边交易的重要载体。因此，浦东的高水平改革开放要对标纽约、东京、伦敦和新加坡等具有国际影响力和吸引力的全球城市，提升全球资源配置能力、国际竞争力和影响力。

实现高水平改革开放，要求浦东立足于上海的全球城市建设目标，在开放型全球城市网络构建、全球城市功能提升、超大城市治理方面，更好地发挥浦东核心承载区的作用，把浦东建设成为上海全球城市目标的核心枢纽点。

浦东是上海"五个中心"建设的核心承载区，是上海对内对外开放两个扇面的核心枢纽，必须努力建设成为全市"中心节点""战略链接"的主枢纽、主通道、主平台，把全球资源配置、科技创新策源、高端产业引领、开放枢纽门户"四大功能"做深做透，推动浦东经济的能级、结构、质量实现全方位提升，在全球经济网络的重构中占据有利身位，更好发挥王牌作用。[1]

第四节　浦东更高水平改革开放的战略任务

在"两个一百年"历史交汇点上，中央立足时代特征和现实需要，综合研判国内国际新形势新变化作出，赋予浦东高水平改革开放打造社会主义现代化建设引领区这一重大使命，这是浦东排头兵使命基于时代性、系统性、全局性要求的提升，是在更高起点、更高层次上推进高水平改革开放的战略升级，是从部分领先到全方位领跑的目标拓展，是面向全球、面向未来的更大格局和担当。浦东将在新征程上，正确把握习近平总书记和党中央落子布局的重大战略意图，深刻认识浦东在中国式现代化新征程上肩负的使命之重、责任之大，坚决扛起习近平总书记赋予的引领重任，坚持稳中求进工作总基调，科学把握新发展阶段，坚定不移贯彻新发展理念，服务和融入新发展格局，勇于挑最重的担子、啃最硬的骨头，努力成为更高水平改革开放的开路先锋、全面建设社会主义现代化国家的排头兵、彰显"四个自信"的实践范例，锻造为中国式现代化探路破局的能力，完成率先实现中国式现代化的目标，履行辐射带动更大范围加快实现

---

[1]　王德忠等：《浦东社会主义现代化建设引领区：逻辑演进与战略路径》，格致出版社2023年版，第109—110页。

现代化的义务，扛起向世界展示中国式现代化光辉前景的责任，把引领区建设这篇大文章每年写出新精彩，每年取得新突破。在推动更高水平改革开放的新要求下，浦东将努力推动以下战略任务。

一、加快推动商品和要素流动型开放向成熟的制度型开放转变

商品和要素流动型开放是经济全球化发展新阶段的主要内容和特点，本质上属于"边境开放"，即降低乃至取消贸易和投资壁垒，实现贸易和投资自由化。制度型开放，主要是指从以往"边境开放"向"境内开放"拓展、延伸和深化，建立形成与国际高标准经济规则相接轨的基本制度框架和行政管理体系。[①] 对于浦东推动更高水平改革开放而言，不能仅停留在经济"放开"层面上，依靠低成本优势要素乃至优惠政策形成的"成本洼地"吸引效应，更需要依托规则等制度型开放，重点聚焦"善治"等规则制度层面。也就是说，未来的国际竞争更加体现在谁更善于治理。因此从商品和要素流动型开放向成熟的制度型开放是一条必由之路。

从国际视角来看，浦东的开发开放是与世界经济全球化同步的重要范例。在经济全球化不断深化及我国不断融入世界经济的过程中，浦东不断调整自己在开发开放进程中的定位和发展方向，对外开放的重点从一般生产加工领域扩大到服务贸易领域，从市场的开放扩展到体制机制的改革，从政策优惠和投资拉动到依靠制度的创新和对接。面对国际经贸格局发展变化的新需要、国际贸易投资规则重构的新要求、国家对浦东打造"引领区"的新期许，浦东还需要发挥其在高水平改革开放中的作用。

从国内视角看，浦东需要把新一轮国际经贸形势的发展变化与国内经

---

① 张二震、戴翔：《加快推动商品和要素流动型开放向规则等制度型开放转变》，载光明网 https://guancha.gmw.cn/2019-03/06/content_32806400.htm。

济的发展充分结合起来，创新发展模式推进新一轮改革开放的红利，进一步推动我国形成全方位的开放新格局。坚持以开放促改革、促发展、促创新，实施更加积极主动的开放战略，奋力在扩大开放上构筑新优势。加快推动商品和要素流动型开放向成熟的制度型开放转变，通过更高水平改革开放打造社会主义现代化建设引领区的新体制，形成开放的制度基础和体制优势，提高开放的市场化、法治化、国际化水平，提升我国在国际经贸规则和国际标准制定中的话语权和影响力。

二、着力将上海自贸试验区打造成为全球开放创新的高地

建设自由贸易试验区在我国开放进程中具有里程碑意义。2013 年，在浦东新区设立了我国第一个自贸试验区。挂牌运行以来，在贸易、投资、金融以及政府管理领域，形成了一批重要制度创新成果，为推动全国自贸试验区建设提供了可复制可推广经验。2018 年，习近平总书记在首届进博会上宣布增设中国上海自由贸易试验区新片区，对进一步扩大开放进行了重大战略部署。2019 年，临港新片区正式挂牌设立。两年来，围绕贯彻落实习近平总书记关于新片区要努力成为集聚海内外人才开展国际创新协同的重要基地、统筹发展在岸业务和离岸业务的重要枢纽、企业走出去发展壮大的重要跳板、更好利用两个市场两种资源的重要通道、参与国际经济治理的重要试验田的"五个重要"指示要求，其推动《临港新片区总体方案》各项任务举措落地，全力打造推动高质量发展的战略增长极。这次中央对于浦东引领区建设又明确了要推进上海自贸试验区及临港新片区先行先试，更好发挥"试验田"作用。

一是探索开放新高度。现阶段国际投资贸易规则正在加速重构，很可能在不远的将来取得重要变化和突破进展。浦东应加强同新一代经贸规则

的衔接，并建立起能够与之相适配的开放型经济新体制，为国家层面实现更高水平对外开放进行压力测试，在若干重点领域率先实现突破。特别是围绕浦东开展制度型开放试点这一工作，应着力构建高标准国际化经贸规则体系，在扩大服务业开放，发展数字贸易、跨境电商、服务贸易、离岸贸易等方面深化探索，实现要素开放向规则、规制、管理、标准等制度开放的全面拓展，进一步提升开放创新能级。

二是探索高质量发展新路径。浦东应进一步发挥开放型产业的集聚功能，不断强化金融、贸易、航运、科创等核心功能建设，加快攻克一批具备国际领先优势产业的关键核心技术，努力打造一批世界级产业集群，率先实现经济发展质量变革、效率变革、动力变革，率先打造成为国内大循环的中心节点和国内国际双循环的战略链接，更好代表中国参与全球经济合作竞争。同时，面向国内构建新发展格局的重点任务，浦东将在引领国内消费升级上当好领头雁，大力发展首发经济、夜间经济、免退税经济及品牌经济。在陆家嘴地区、临港新片区、世博的前滩区域等建设世界级的商圈，打造消费聚集地，以高质量的供给引领、创造新需求。

三是探索现代治理新水平。进一步打造国际一流营商环境，构建经济治理、社会治理、城市治理统筹推进和有机衔接的治理体系，完善创新监管制度，不断加强事中事后监管，严守风险防范重要底线，做到放得更活、管得更好、服务更优。用好授权先行制定管理措施，加快建立完善与支持浦东"大胆试、大胆闯、自主改"相适应的法治保障体系。同时，构建适应互联网时代要求、信息互联共享的政府服务体系。加快构建以企业需求为导向、大数据分析为支撑的"互联网政务服务"体系。建立央地协同、条块衔接的信息共享机制。以数据共享为基础，再造业务流程，实现市场准入"单窗通办""全网通办"，个人事务"全区通办"，政务服务"全员协办"。

四是探索联动改革新模式。推进自贸试验区和自主创新示范区的联动，即以自贸试验区为平台的制度创新，推进自主创新示范区为平台的科技创新，围绕"大国重器"和强化国家战略科技力量推进重大科技制度创新，以制度创新和政策支持加快打造世界级集成电路、生物医药、人工智能等产业集群，以税收、土地、投资政策支持为发挥企业在技术创新中的主体作用赋能；推进自贸试验区和海关特殊监管区的联动，实施更高标准的"一线放开""二线安全高效管住"贸易监管制度。在口岸风险有效防控的前提下，依托信息化监管手段，取消或最大程度简化入区货物的贸易管制措施，最大程度简化一线申报手续；推进自贸试验区与上海国际金融中心的联动，积极审慎推进金融开放创新，深入开展开放条件环境下的金融制度创新，加快推动资本项目可兑换、人民币跨境使用和金融服务业开放，提升金融市场和金融机构配置境内外资源的能力和水平。

三、真正建设成为上海全球城市目标的核心承载区和全球枢纽点

在上海全球城市建设中，浦东的发展牵动着上海市整体的城市品质，承载着上海发展的核心目标。浦东开发开放 30 多年的历程，见证了上海从单一功能的工业城市，逐步走向多中心、复合功能的国际化大都市。在这一过程中，浦东逐步奠定了上海"五个中心"核心承载区的重要地位。2021 年上半年，浦东吸引实到外资超过 50 亿美元，新增 14 家跨国公司地区总部，累计达到 373 家。而在中央此次关于浦东"引领区"建设文件中，又一次明确提出对于上海"五个中心"建设的引领带动。"五个中心"核心承载区的地位和中央的战略定位，意味着浦东对外开放龙头和窗口的

作用将长期不变，浦东率先融入全球体系、代表国家参与全球治理的使命将长期不变，浦东在上海乃至全国发展全局中的地位将长期不变。浦东应具备国际视野，进一步保持吸引功能性机构集聚，实现信息流、货物流、资金流、人才流和技术流汇集和辐射，发挥作为核心承载区和全球枢纽点的龙头作用，推动高端要素资源在浦东的进一步集聚。

一是浦东需要强化其作为全球城市网络的枢纽位置。基于已有的经济优势、人才优势、金融支撑优势和服务支撑优势，结合上海自贸试验区建设先行先试的政策优势、对外开放排头兵和先行者的开放优势和长三角的腹地优势，促进信息流、货物流、资金流、人才流和技术流等要素畅通流动和集聚，提升要素流动集聚的能级，优化资源配置的效率从而加快完成浦东新区成为全球城市目标核心承载区的发展战略。

二是浦东需要重点发挥对高端要素的集聚作用、对流量经济的放大作用和对产业链的牵引整合作用。借助自贸试验区的扩大开放先行先试和上海科创板的设立以及资本市场的改革创新，重点吸引全球功能性机构、高尖人才和科技型企业集聚浦东，发挥高端要素的创新作用和辐射作用。充分发挥浦东在推进我国经济结构的转型升级、推进我国经济高质量发展、实现全球价值链攀升的模范带头作用。

四、更好服务国家"一带一路"建设和长三角一体化发展战略

国家"一带一路"建设和长三角一体化发展战略，是新时代国家谋划长远的重大发展战略，涉及各个区域、各个方面、各个层次，是推动更高水平改革开放的关键布局。浦东当好更高水平改革开放开路先锋对国家战略贯彻落实，就是要更好服务全国大局和带动长三角一体化发展战略实施。过去开发开放30多年的实践经验表明，浦东始终是贯彻国家战略的

优等生，是我国对外开放的一面旗帜。

一是当好服务国家"一带一路"建设的桥头堡。从先行先试的开放实践出发，浦东要在新的历史方位中做出表率，走在前列。以深入推进上海自贸试验区建设为抓手，探索国际合作竞争新方式，拓展对外开放新领域。对接"一带一路"金融服务需求，打造"一带一路"投融资中心和全球人民币金融服务中心。依托功能性平台和项目，为市场主体提供高水平法律咨询、投资项目、营销策划等专业服务，为企业"走出去"提供支撑，成为服务国家"一带一路"建设、国内市场主体"走出去"的桥头堡。

二是进一步强化浦东对于长三角一体化的引擎作用，为上海当好长三角发展一体化龙头提供有力支撑。上海与长三角的关系绝不仅仅是单向的辐射和带动。长三角一体化协同发展离不开上海的龙头带动作用，而如果没有长三角腹地经济的支撑，上海的发展空间则会受到很大限制。浦东应通过自己在制度性开放方面的开路先锋作用，率先建立与国际通行规则相互衔接的开放型经济新体制，从而为长三角地区开放型经济的拓展升级、高质量发展和培育新优势，提供实现路径、有效做法和先行经验。同时积极鼓励浦东的国际化高能级载体面向长三角和长江流域开展业务，联合开展重大产业关键技术攻关，积极探索多种形式的产业合作模式。加快一体化市场体系建设，推动资源要素跨区域流动和优化配置，建设统一大市场。

总而言之，在世界经济深度调整、世界贸易格局深刻变化、贸易投资规则重构的大背景下，浦东需继续强化资源要素的服务辐射功能和高端高新产业的培育引领功能，借助重大改革创新的试验示范功能对内带动国内经济发展方式的转型和产业升级，对外则可以代表国家参与更高水平的国际分工和产业竞争，提升国际核心竞争力。

第五节　浦东更高水平改革开放的具体措施

我国改革正处于攻坚期与深水区，面临的国内外形势愈发复杂多变，很多新任务新情况没有先例可循和经验可搬，遇到的改革阻力也越来越大。"容易的、皆大欢喜的改革已经完成了，好吃的肉都吃掉了，剩下的都是难啃的硬骨头。"但是，"改革再难也要向前推进"，这就需要坚定信心、攻坚克难、凝聚共识，让有优势的地区走在前面、发挥引领作用，这也是浦东打造更高水平改革开放开路先锋的题中应有之义。①

而浦东要破局破解改革深水区瓶颈，关键在于以深化改革促扩大开放。过去我国改革开放的侧重点放在以开放促改革上，这是因为改革开放初期我们没有现成方案和足够经验，只能摸着石头过河，通过借鉴引入国外先进技术以及经验管理模式等，通过开放倒逼改革，以此推动国内相关事业的进步。但是在当下，中国改革开放已经迈入攻坚克难阶段，面对的国际环境也发生了明显变化，单边主义和贸易保护主义的盛行，使得过去的"拿来主义"推动改革的成效不再显著。只有持续有效的改革才是进一步扩大开放的重要条件。基于此，浦东必须瞄准更高水平改革开放这个目标，积极发挥引领作用，以基础性、根本性、全局性的重大改革措施，解决目前存在的一系列结构性、周期性、体制性问题，为建设更高水平开放型经济新体制扫清障碍、释放动能②，具体包括以下三个着力点。

---

①②　王德忠等：《浦东社会主义现代化建设引领区：逻辑演进与战略路径》，格致出版社2023年版，第112页。

一、冲破观念障碍，破除深层次体制机制障碍

浦东经过开放开发 30 多年的发展，时下需要一个全新的改革开放图景与规划。90 年代初的开发开放，是浦东在中国"怎样改革开放"这张白纸上勾画的最初蓝图；与彼时相比，今天的改革开放有了更深内涵与更高层次。过去 30 多年中形成的发展体制与方式，已经逐渐僵化和呆板，甚至某些改革创新形成了"路径依赖"，不再适应全新的发展形势。因而浦东必须要改变观念，不能惧怕改革，也不能一味地等待观望，而是要拿出敢啃硬骨头的魄力，树立攻坚克难的勇气，出台更多的举措破除深层次体制机制障碍。

一方面，要进一步转变政府职能，推进"放管服"改革的制度创新。近年来，浦东以"放、管、服"改革作为突破口，对行政机构改革、管理体制创新、运行机制优化、服务方式转变等方面进行了改革创新，推动了交易成本的降低及营商环境的优化。进入到浦东高水平改革开放打造社会主义现代化建设引领区建设的全新历史阶段，政府作用更多地应转为市场作用的发挥，以创造更好的改革开放环境。首先要重塑政府职能，着眼于公共服务的供给能力，通过服务流程再造、服务资源整合、服务功能联动等举措，推动服务型政府建设；其次要加大简政放权力度和完善监管方式方法，全面落实外商投资准入前国民待遇加负面清单管理制度，实现政府经济管理方式的变革，发挥市场在资源配置中的决定性作用，同时更好地发挥政府作用，寻求政府行为与市场功能的最佳结合点；再次要提升政府运行效率，随着政府管理内容、对象、手段的综合性、专业性、复杂性的不断提升，传统行政管理体制也需应时而变，以适应经济的快速发展和开放的不断深入，选择好适宜推进改革的具体领域与部门，做好充足、充分的改革准备工作，从改革的多个维度进行详细的整体设计和逐步推进，并

最终实现开放水平的提升。

另一方面，要紧盯重要领域与关键环节持续深化改革，并将探索形成的好经验好做法适时以法规规章等形势固化下来。浦东开发开放的实践经验证明，如果不突破体制机制障碍的障碍，那么改革也无法直达病灶，更遑论对外开放的真正进一步扩大。随着我国经济发展从高速增长阶段向高质量发展阶段的转变，建立一个公平、透明、规范为根本特征的现代开放型的市场经济体制，是建设更高水平开放型经济新体制的有力支撑。全国人大常委会已授权上海市人大及其常委会根据浦东改革创新实践需要，遵循宪法规定以及法律和行政法规基本原则，制定浦东新区法规，在浦东新区实施。上海市人大常委会也通过相关决定，明确了制定浦东新区法规的相关安排，明确对暂无法律、法规或明确规定的领域，支持浦东新区人大及其常委会和浦东新区人民政府先行制定相关管理措施。因此，浦东更应依托便利条件，在重要领域和关键环节深化改革。比如，对于开放型经济新体制方面，对具有较强国际市场竞争力的开放政策及制度安排开展研究，支持浦东在资金、人才、数据、技术等的跨境流通等领域进行改革，促进制度的国际化融入，通过改革来实现我国的制度升级。其他的诸如金融体制的改革、营商环境的优化、航运事业的改革等，同样应探索完善相关制度安排，先行制定相关管理措施并按程序报备实施，进一步促进相关管理措施探索形成的经验做法及时地以法规章程的形式固化下来，加快建立完善与大胆试、大胆闯、自主改相适应的法治保障体系，为建设更高水平开放型经济新体制奠定制度基础。

二、聚焦改革系统集成，激发高质量发展动力

浦东开发开放 30 多年来，始终坚持大胆试、大胆闯、自主改，许多

改革举措取得明显成效并在全国复制推广。在打造社会主义现代化建设引领区的新征程上，应对国内外形势环境变化尤其是各种风险挑战，应对"牵一发而动全身"的新情况尤其是各种问题矛盾的交织，既要继承发扬过去实践中积累的成功经验做法，更要顺应时代潮流，充分体现"更高水平"这一特征。而更高水平的改革开放，即体现为系统集成协同高效，浦东要着力对此率先试出经验。全面深化系统观念和协同理念，不断放大政策集成效应，加强前瞻性思考、全局性谋划、战略性布局、整体性推进，从事物发展全过程、产业发展全链条、企业发展全生命周期出发谋划设计改革，才能牢牢掌握主动权。

从宏观层面来讲，浦东更高水平改革开放进程中一些重大的制度创新与制度完善，在顶层设计时就需要更多地开展协同联动和衔接配套。不仅要加强自贸试验区、浦东综合配套改革试验区、张江自主创新示范区建设等国家战略任务的系统集成，还要实现浦东"引领区"建设与上海"五个中心"建设及长三角区域体系化国家战略的有效衔接，把总书记对上海寄予厚望的"新作为"贯通起来，使之相互促进和联动，形成一加一大于二的叠加效果和协同创新效应。

从微观层面来讲，要推动政府服务创新、营商环境优化及要素市场建设等各个方面取得突破进展，针对办成企业开业、项目开工、人才引进、做强产业等"一件事"打好改革组合拳。针对"企业开业一件事"，深化"一业一证"改革。进一步告知承诺等浦东"自主改"举措，着力打通"营业执照""行业经营许可证"联办路径，便利企业准入准营，在此基础上率先建立行业综合许可和综合监管制度；针对"项目开工一件事"，创新"五票"统筹机制。由部门统一筹措"地票""房票""水票""林票""绿票"等五票票源为项目供票，加快项目推进速度，将市、区重大工程储备周期缩短一半以上；针对"引进人才一件事"，全链条提升海外人才工作和通行便利度。加强人才政策创新和服务的系统集成，争取开展外国人才"一证通用"改革，建立浦东新区外国人才永居推荐"直通车"制度，争取承接外国高端人才审核权，逐步放开专业领域境外人才从业限制等；针对"做强产业一件事"，加强重点行业领域集成改革。聚焦浦东主导产业和重点新兴产业推行整体性改革，从企业开办、市场准入、项目建设、融资信贷、业务创新、销售渠道等全生命周期寻找薄弱环节与发展瓶颈，以集成式改革突破关键重点领域，做强更多硬核产业集群。

三、明确路线图、任务书、时间表，扎实推进全面改革

完善实施机制，建立起中央统筹、市负总责、浦东抓落实的工作机制。2021 年 7 月 15 日，中共中央、国务院《关于支持浦东新区高水平改革开放打造社会主义现代化建设引领区的意见》发布，赋予浦东五大战略定位，提出两个阶段发展目标，明确七方面 21 条重大任务与举措，按照能放尽放原则赋予浦东更大改革发展权。而上海市要加强对浦东的指导服务，7 月 19 日，上海市召开推进浦东引领区建设动员大会，并出台市级层面的行动方案。浦东新区则要进一步强化主体责任，细化落实各项重点任务，在政策举措落地实施中加强统筹衔接，形成政策合力。目前，浦东区级层面的实施方案也已正式出台。在浦东新区制定的引领区《实施方案》中，主要分为三大板块，共 100 条 450 项具体项目，明确了路线图、任务图、时间表，建立起强有力的推进机制，一系列新的改革举措开始在浦东全面推开，将有利于重大政策、重大项目以及重大改革试点的早落地、早实施、早见效，也成为浦东当前和今后一个时期推进更高水平改革开放全部工作的主轴主线。

对于重大改革开放任务的抓好落实，浦东新区应和上海市相关部门一起，针对中央交予浦东的一系列重大改革开放任务，把握改革路径，明确改革目标，加快推进全面深化改革政策制度和方案的研究与制定，确保这些改革任务能够早日落地实施。比如，产业用地"标准化"出让方式改革，从存量产业用地盘活、低效用地推出，改革"标准化"出让、混合产业用地供给两方面着手改革创新浦东供地模式。又如，建设国际数据港和数据交易所，加快重点区域率先数字化转型，支持自贸试验区临港新片区建设国际数据港，构建国际互联网数据的专用通道、功能型数据中心等新型基础设施，打造全球数据的汇聚流转枢纽平台。同时，逐步有序放宽应用领域中数据开发与利用的限制，促进浦东特色产业发展，促进重大产业链供应链数据的互联互通。

对于重大支持政策的抓好落实，围绕中央为浦东打造的一系列涉及金融、税收、人才等多领域的重磅政策礼包，包括全域特殊经济功能区、离岸金融体系、高能级功能性平台等的建设。浦东应配合国家及市级相关部门对具体的实施细则与配套方案进行研究制定，以加快落地实行，让市场与企业能够真正享受到政策红利。比如在金融领域，浦东作为上海国际金融中心的承载区，可从进一步加大金融开放力度、建设海内外重要投融资平台以及完善金融基础设施制度等方面，出台相关支持措施。而在人才领域，率先实行更加开放更加便利的人才引进政策，围绕在浦东投资工作相关高端人才审核权限下放、专业领域境外人才从业限制放开、永久居留推荐新机制实施及国际人才港功能强化等方面，进一步研究制定相关重点举措。

对于重大改革试点的抓好落实，浦东作为重大改革试点任务的主战场和承载区，应坚持高标准谋划、高水平推进，深化首创性、差别化探索，推动改革试点任务加速落地，以在更大范围、更宽领域、更深层次推动更高质量的改革。浦东在探索开展综合性改革试点中，应在深化政府职能转变、完善科技创新体制机制等领域，形成综合授权事项清单；深入推进商事制度改革和市场准营承诺即入制，深化"一业一证"改革试点，研究制定浦东放宽市场准入特别措施清单；深化国资国企改革，加快推动国有资本引领产业发展，更好促进区属国企主力军作用的发挥等。只有敢为人先、善为人先，落实好这些改革试点的建设，才能扩大高水平开放，才能真正实现以改革促开放，从而使浦东当好更高水平改革开放的开路先锋、全面建设社会主义现代化国家的排头兵，引领社会主义现代化的建设。

第三章　浦东创新引领的现状、挑战与路径展望

党的二十大提出要加快实施创新驱动发展战略。坚持面向世界科技前沿、面向经济主战场、面向国家重大需求、面向人民生命健康，加快实现高水平科技自立自强。如今浦东新区进入引领区建设的新阶段，首项任务就是"全力做创新引擎，打造自主创新新高地"，聚焦科技创新的飞跃式发展。浦东新区经过30多年的开发开放，在创新要素、创新主体结构及交互、创新环境等方面形成一定成就和优势。浦东新区创新引领兼备理论内涵和实践要求。当前浦东新区仍存在基础研究薄弱、创新要素供需不匹配、"领跑者"类创新主体缺乏、空间发展不均衡和缺乏协作等薄弱环节。同时，国际创新环境转变的新变局也迫切要求浦东新区引领原始创新、制度创新、协同创新、开放创新、自主创新，全方位推动科技创新实现飞跃式发展，保障国家安全和经济稳定发展。

第一节　浦东新区创新引领的目标和理论内涵

一、浦东新区创新引领目标的内涵

坚持创新在我国现代化建设全局中的核心地位。浦东新区在开发开放30多年间，力担开放创新、金融创新、科技创新、制度创新等领域的先行责任。浦东新区是制度创新的先行者，秉持"大胆试、大胆闯、自主改"的要求，在改革系统集成、制度型开放、高效能治理等领域率先形成先进经验，51条具体做法于2021年3月向国家级新区推广[①]。制度创新和经济转型发展呈螺旋式推进。浦东新区的经济发展速度呈现出惊人的"浦东新区速度"。2020年，浦东新区以上海市19%左右的土地面积，创造了约34%的生产总值，浦东新区已成为上海生产要素最具活力的集中区域。在集成电路和生物医药等前沿领域，浦东新区已成为综合创新能力最强、产业链最完善的地带之一。可以说，浦东新区因创新而生，依创新而强。而立之年的浦东新区再次勇担重任，开启打造社会主义现代化建设引领区的新征程。科技始终是引领经济发展的强大内在驱动力，浦东新区再一次承担起科技创新排头兵的重任，落实"自主创新发展的时代标杆"的新战略定位，力争成为国际科技创新中心核心区。浦东新区引领区的首项任务即是"全力做强创新引擎，打造自主创新新高地"，这对浦东新区而言，既是把握制度红利的机遇，同时也意味着率先探索新路的责任和压力。浦东

[①]《关于推广借鉴上海浦东新区有关创新举措和经验做法的通知》，中华人民共和国国家发展和改革委员会，2021年3月11日。

新区创新引领面临前所未有的世界大变局和双循环的新发展格局，浦东新区创新引领意味着首创和示范作用，瞄准科技创新的难关和顽疾，助力我国科技创新实现飞跃式发展。

二、浦东新区创新引领的理论内涵

面对我国科技创新现状，党的二十大提出要强化国家战略科技力量，优化配置创新资源。创新范式向跨组织共生式创新模式转变，敦促浦东新区加强原始创新和制度创新引领，平衡科技创新的供需、政府和市场主体间的关系，优化科技创新的驱动机制，营造和谐的创新生态系统。

（一）创新范式向跨组织共生转变

跨组织共生式创新模式逐步成为当前科技创新的主要方式（European Union，2013）。全球创新模式依次经历封闭式创新、开放式创新和跨组织共生式创新三个阶段（陈强、王浩和敦帅，2020），对创新模式研究的落脚点突破单一企业内部垂直运作的边界，扩展至企业外部创新环境的构成。欧盟《开放式创新报告2017—2018年》中将跨组织共生式创新视为开放式创新2.0版本，两者均打破创新的企业边界束缚，进而聚焦多主体构成的创新网络。开放式创新指企业运用内外部知识流动和市场渠道推动技术创新（Henry Chesbrough，2003），进而形成分布式创新，重视产学研在创新链条中和知识流动的互补式分工。跨组织共生式创新则将不同机构间的分工合作关系升级为共生共荣的生态系统概念。创新生态系统基于以企业为核心的交互网络结构，呈现多组织、重互动、多维度等特点。

多组织。早期研究聚焦科技创新随知识创造过程的线性单向延伸。熊彼特认为创新活动依次经过发明、创新和应用三个阶段，强调基础研究、应用研究和市场推动的连续进展。企业的创新价值链由短链向长链的延伸，由商品生产、技术生产过渡到原理生产阶段，创新难度逐步提高，因此中长链结构常形成多部门或多企业合作的集群（王伟光、张钟元和侯军利，2019）。跨组织共生式创新突破企业的内部边界，关注到企业外部其他组织对创新活动的参与和贡献，搭建"政府—科研机构—企业—用户"为参与者的四维螺旋式合作的创新生态系统（西桂权等，2020），凸显"产研用服"间的有机互动和结合。

重互动。创新生态系统重视不同部门或组织间的有机互动和共荣共生，各类经济组织处于创新网络的节点，互动反馈进而形成复杂的创新网络。合作维度多元的节点常成为不同组织合作的关键中介，为其他组织提供更加多元的获取创新资源的渠道。因此，开放式创新重视企业与其他机构的外部合作，而创新生态系统则关注到系统内部创新动力的可持续性和节点的异质性，强调创新资源获取的广度和深度。广度体现在系统内组织间互动网络的集聚度和密度。创新网络的密度越大，企业获取外部知识的渠道更加广泛，同时更有可能接触到跨度更大的知识和信息，从而获得多渠道、多领域的更为丰富的创新资源。深度则体现为企业对外部知识的吸收能力。企业从科研机构、合作企业、服务平台等获取创新资源，若企业的吸收能力和创新资源的广度不匹配，形成"信息坟墓"而无法发挥信息的有用性，当企业具备过滤、吸收和内化外部创新资源的组织结构时，根本性创新才具备发生的可能性。企业的吸收能力进一步区分为潜在吸收能力和实践的吸收能力，前者强调企业搜寻和识别外部知识的能力，而后者则指将外部知识转化和应用于企业内部的能力，因此企业应拓宽与知识中介机构的关系网，建立与合作伙伴的常规合作通道和流程（Flor、Y. Cooper 和 J. Oltra，1996）。

多维度。创新生态系统的进化由相互关联的经济、政治、社会和科技自身发展等多维度因素驱动，因此其他维度的变化将引发科技创新的速度和方向的转变。创新生态系统多维度演化特征使其呈现区域异质性。聚焦于创新生态系统在具化空间的结构和演化，创新生态系统在区域间差异化的未来市场、制度环境、企业家精神等因素驱动下呈现不同发展趋势。国家创新生态系统（National Innovation Systems）强调国家间不同的制度设计和政府参与对创新生态系统的影响，随后创新生态系统概念进一步拓展至区域的地域范围。同时多维度交织加剧科技创新的不确定性。创新主体对新兴技术的投入会事先评估用户需求、政策力度以及科技趋势等因素。当前的制度和先行的科技相契合而存在惯性，新制度的建立存在不确定性，路径依赖下新技术的出现可能面临生存空间不足的难题。可见新兴技术的出现需要对多维度的未来发展趋势进行评估，企业对新兴技术的投入存在更大不确定性。此外，创新生态系统纳入普通民众构成的用户，将创新的需求方和供给方全部纳入系统内部，用户需求的信息流动改变传统的商业模式。传统模式中企业是产品或服务的供给方，而在数字时代企业可以借助开放平台或用户社区等方式深入了解用户的潜在需求，用户反向成为企业的信息供给方。

可见，创新生态系统不再局限于探究内部构成要素，而将视角聚焦于系统要素的有机聚集、共生共荣及系统的动态演化过程（曾国屏、苟尤钊和刘磊，2013），因此系统内部要素的有机结合机制亟须进一步探讨。实现浦东新区创新生态系统的更新和升级，两组关系需重点关注：一是科技创新驱动机制的供需交互，二是政府在系统内与其他主体的关系。厘清系统内部要素的相互关系有利于实现调节和重塑创新生态系统，实现系统内要素的共惠共利，提高区域创新能力。

（二）创新源头向供需两端牵引转变

科技创新的驱动机制从供需两端存在争论。从技术供给视角来看，技术自身的重大发展和革新推动技术创新的深入；从技术的市场需求来看，经济主体或产业的发展需求引领科技创新（高小珣，2011）。借鉴罗森博格（N. Rosenberg）的推拉双向理论，将技术创新的供需两端结合纳入科技创新的驱动机制，进而探讨浦东新区面临的科技前沿趋势和产业创新需求，以期实现技术演化维度和经济发展维度的平衡和匹配。

全球科技创新趋势的预判。创新生态系统中，不同类型的创新主体对基础研究或应用研究的倾向不同，并且单个创新主体的要素投入、前沿识别等能力有限，缺乏对科技前沿的全局性认识，因此政府应积极研判技术走向和发展趋势，确立明确、系统、可行的科技创新方向。当前世界正处第三次科技革命红利式微的阶段，而前三次工业革命为策源国家带来经济高速发展的契机，因此各国都在积极识别和布局未来几年乃至几十年的科技前沿发展方向，力争抓住第四次科技革命的机遇。由于关键科技创新方向的偏离具有高昂的机会成本，一旦有所偏差就有可能丧失国际战略优势，因此各国积极进行技术预见，力求引导、整合和调节社会资源实现科技创新的最优路径。如表 3-1 所示，各国政府借助智囊机构积极把握和明确科技前沿发展方向。

表 3-1　部分国家对科技前沿的识别

国家	机　　构	科技前沿识别
美国	陆军（Office of the Deputy Assistant Secretary of the Army）	最值得关注的 20 个科技前沿方向是：物联网、数据分析、3D 打印、机器人与自动化系统、智能手机与云端计算、智能城市、医学、网络安全、能源、食物与淡水技术、量子计算、社交网络、混合现实、人类增强、先进材料、太空科技、生物合成科技、新型武器、对抗全球气候变化、先进数码设备

续表

国家	机　　构	科技前沿识别
英国	科技部（Government Office for Science）	2030 年前关键的四个技术领域，分别是生物和制药技术、数字和网络技术、能源和低碳技术、材料和纳米技术
韩国	科学技术企划评价院（KUSTEP）	十大新兴技术为：①基于无创生物特征信息的心血管疾病管理，②针对交通弱势群体的 4 级自驾汽车，③基于 LXP 的个性化教育策展技术，④自动最后一英里配送服务，⑤智能边缘计算，⑥使用虚拟现实和全息技术的实时协作平台，⑦除了屏幕界面，⑧人工智能（AI）安全，⑨超现实媒体制作和广播技术，⑩绿色包装
日本	·科技政策研究所（NISTEP） ·文部科学省	2019 年基于构建"社会 5.0（Society 5.0）"预测科技发展趋势，指出 37 项在 2040 年前将实现的前沿技术，包括 AI 技术、自动驾驶技术、能源技术、数字制造和利用技术、资源循环支持技术等 2020 年 6 月再次强调"通过最先进的科技应对未来社会变化，加速实现'社会 5.0'"

资料来源：由各机构发布报告整理得到，包括《2016—2045 年新兴科技趋势报告》《技术与创新未来：英国 2030 年的增长机会》《零接触时代的十大新兴技术》《第 11 次科学技术预测调查报告》《2020 科学技术白皮书》。

　　市场机制下原始创新不足，应注重产业科技创新需求和科技前沿的匹配和结合。产业转型和升级常推动应用型技术的更迭和创新，由于产业发展路径的惯性和对技术创新的实用性偏好，产业需求引发的技术创新常表现为渐进式创新过程。因此，科学前沿和产业需求对科技创新的驱动形成互补：核心科技前沿课题侧重基础研究，力求原始创新和根本式创新；产业需求源于市场的内在推动，侧重应用型研究，更多表现为渐进式创新。原始创新由于高投入、高风险，市场机制驱动下企业对原始创新的投入往往不足，科技创新的供需两端并不匹配。因此，原始创新往往需要政府的引导、调节和鼓励，以实现供需间的相互促进，即科技前沿为产业创新赋能指明科技创新供给的方向和速度，同时产业发展驱动下的科技创新为深层次、根本性科技理论的突破奠定实践基础。表 3-1 所示的科技前沿方向和产业科技创新需求相契合，例如 AI 理论可应用到金融、医疗、电商等产业，而产业实践过程中的技术难题所引发的创新需求将进一步推动 AI 技术的革新。科技前沿和产业创新需求相互交织促进进而驱动科技创新，因此浦东新区在构建创新生态系统过程中应借助两者的相互推动关系，参考其他国家对科技前沿领域的预判和投入，加强原始创新的支持力度。

（三）创新生态向市场与政府共同作用转变

创新系统存在失灵风险，偏离全社会的最优创新水平，因此需要政府的介入、调节和服务，创新系统失灵的成因可以从创新主体、创新资源和创新环境等方面入手。

系统失灵可表现为创新主体能力失灵和交互关系失灵。首先，对系统内单个创新主体而言，企业内部组织结构和外部知识吸收环节均可能出现失灵。能力失灵指单个企业缺乏过滤、吸收和内化外部知识的能力，技术低端锁定而难以实现科技创新（Klein Woolthuis 等，2005）。被动的能力失灵则体现为高风险创新活动下，企业内部的创新激励不足，研发投入薄弱而难以催化科技创新。其次，从创新主体间的关系入手，创新失灵可归因于网络结构缺口、网络、聚集有限及交互广度欠缺等。网络结构缺口表现为创新网络内部"产学研用"相关组织的缺失，创新组织丰度不足（李琳和刘立涛，2008），或分工协作体系尚未构建，存在未打通的关键中介节点，难以对复杂创新活动形成合力。网络集聚有限则指创新系统内组织集聚程度有限，创新资源匮乏且多样性不足，常出现于整体创新能力较低的区域。交互广度是保障创新资源丰富和更新的重要保障，因此创新网络内节点间交互不足，或过分依赖现存的合作伙伴，固化创新资料来源渠道，均可能导致创新的停滞（李纪珍等，2010）。

区域内部产业结构、制度文化、基础设施等方面的差异驱动创新潜力的分化。上述两点基于创新网络内组织的交互构成的脱离空间实体的结构环境，最后探讨具化的网络空间结构内部对创新活动的服务和支撑力度不足，如何形成创新系统失灵。其一，区域内产业结构的高级化和合理化程度会使系统内创新动力的激励不同，产业低端锁定下易出现创新系统失灵。此外，一些科技创新的兴起要求科研设备、网络或交通等方面的基础设施相应改变，但基础设施的重置成本较高，因此会产生抑制新技术兴起的锁定效应。其二，区域内制度环境和文化底蕴将会对系统的创新效能产生影响，因此，应警惕制度固化对创新系统的不良影响，以制度创新匹配科技创新。区域内制度环境和文化底蕴引发认知锁定，系统失灵则出现于不适宜企业家精神和创新精神生长的创新环境。技术溢出也可能造成创新规模低于社会需要，这是由于某些技术易于模仿和复制，进而创新成果的收益被更多企业共享，使企业的创新成本难以收回，进而抑制其创新意愿（韩寅，2015）。因此，区域内知识产权保护制度的完善程度对系统能否正常运转也存在一定影响。可见，政府作为创新生态系统内部的重要主体，虽被赋予补充和纠偏系统失灵的重任，但制度的缺口和路径依赖也会造成系统失灵，本质依旧围绕政府看得见的手和市场需求间的关系。因此，制度创新和科技创新是共生共荣的关系，科技创新内在驱动制度创新以改善系统失灵，制度创新激科技创新活力。

第二节　浦东新区创新发展的现状[①]

在过去的 10 年里，我们提出并贯彻新发展理念，着力推进高质量发展，推动构建新发展格局，实施供给侧结构性改革，制定一系列具有全局

[①]　王德忠等：《浦东社会主义现代化建设引领区：逻辑演进与战略路径》，格致出版社 2023 年版，第 150—156 页。

性意义的区域重大战略，我国经济实力实现历史性跃升。浦东新区积极贯彻落实新发展理念，推动区域进一步发展，如今已取得了丰硕的成果。

一、综合优势加快创新资源的汇集，为科技创新提供丰富的"原料"

浦东新区已成为重要的航运和金融中心，对人才的吸引力较强，同时浦东新区积极推进科技创新的相关制度，以吸引更大范围、更高规模、更优质量的创新要素汇聚浦东新区。

（一）金融业高速发展，拓展科创企业融资渠道

金融业在浦东新区的产业比重由 1990 年的 5.1% 上升至 2020 年的 31.5%，保持高速发展。浦东新区是上海市金融要素最集聚的区域，2021 年 3 月发布的全球金融中心指数（GFCI 29）中上海排名上升到第三位，其中竞争力的各项次指标如图 3-1 所示，各项指标均位于全球前 6 名。截至 2020 年底，浦东新区的监管类金融机构达到 1100 家，金融领域外资企业注册户数达到 255 家，外资机构在多个细分领域的数量领先全国。上海证券交易所、上海期货交易所、中国金融期货交易所、中国外汇交易中心、上海股权托管交易中心等 13 家要素市场和基础设施在浦东新区扎根，面向国际推动要素流动，浦东新区已成为全球金融要素最为完备、交易最具活力的区域之一。科创板的建立再次拓宽科创企业的投融资渠道，截至 2021 年 7 月，313 家企业在科创板上市，所募集的资金总额超过 3800 亿元 ①，投入领域聚焦于战略新兴产业，为浦东新区科技创新能力的飞跃发展保障资金支持。

---

① 周平希：《数说科创板两周年》，载证券时报网 https://baijiahao.baidu.com/s?id=170599 4097317877220&wfr=spider&for=pc。

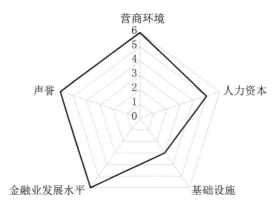

图 3-1　上海在 GFCI 竞争力各项次级指标的排名

数据来源：第 29 期全球金融中心指数报告。

（二）吸引大量人才，赋予创新主体活力

浦东新区经济的高速发展和优势产业聚集吸引大批人才来浦、留浦。一是在产业聚集地积极匹配基础设施建设，提高人才的生活质量。浦东新区通过人才公寓建设、发放住房补贴、鼓励闲置住房出租等方式保障人才安居。张江已规划近 900 万平方米的租赁式住宅，解决人才居住成本高的现实困境。临港新片区逐步放宽人才落户标准，积极优化基础教育、医疗、住房等多方面的公共服务体系，加快民生项目和基础教育学校的建设，当前浦东新区医院临港院区、六院临港院区二期扩建等项目建设中，并与华东师范大学、上海交通大学等高校达成建设基础教育学校的战略协议，使人才住有所居、病有所医、学有所上。二是积极推进人才服务机构或平台的建设。浦东新区于 2019 年开启国际人才港，至今服务人数已超过 19 万人，同时，率先为外籍人才接入"一网通办"服务平台，实现"单一窗口"办理工作许可和居留许可，大幅减少审批环节和时间，办理更便捷、更高效，积极引进海外优质人才。三是聚焦打造具有国际竞争力的人才高地，推进人才相关政策的革新。浦东新区推出"人才 35 条"，创造性地率先实行各项人才政策，包含设立首个"海外人才局"机构、率先承接人才引进落户审批权等。浦东新区的人才总量于 2019 年底已达到 145

万人，包含境外人才 3.6 万人，以及海内外院士 90 名[①]。国际人才港率先提高人才相关审批业务的整合性、智能化，推动全方位和个性化统一的人才服务体系，其创新性经验已被列入全国推广做法。

（三）发布多项制度支持科技创新，形成科技创新的制度红利

浦东新区针对科技创新发布多项政策，包括科创企业和研发机构的认定与资助、重点项目投入、高能级产业培育等。如表 3-2 所示，2021 年，已发布多项常规资助政策为浦东新区科技创新实现飞跃式发展保驾护航，资助对象范围全面，资助力度较大。

表 3-2　2021 年浦东新区部分科技政策一览表

发布时间	政策名称	主要内容
2021 年 3 月	浦东新区促进小微企业创新创业财政扶持项目申报	六类申报事项下的中小微企业申报成功后可获得金额不等的资助或补贴，六类事项分别为：创新创业载体建设、降低创新创业成本、自主创新能力提升、高成长小微科创企业、支持功能性平台建设以及服务机构奖励
2021 年 7 月	浦东新区科技发展基金企业研发机构专项申报	给予新认定的国家级、上海市级企业研发机构一次性资助，给予年度考评为优秀的新认定区级企业研发机构研发经费奖励性后补贴
2021 年 7 月	科技发展基金科技创新券专项申报	科技型中小微企业每年度可申请 20 万元的创新券额度
2021 年 7 月	科技发展基金高新技术企业贷款贴息专项申报	对符合申报条件的小微型的高新技术企业给予贴息补助，降低企业的融资成本
2021 年 8 月	科技发展基金科创策源专项（科研能力提升专题）申报	资助对象为高等学校和科研院所，每个项目最高获得 10 万元资助，每个单位最高获得 200 万元资助
2021 年 9 月	科技发展基金科创策源专项（大企业开放创新中心专题）申报	资助对象为大企业开放创新中心建设主体，申报成功后可获得最高 1000 万元、不超过核定总投资额 50% 的资助

资料来源：由浦东新区科技和经济委员会发布的各项政策通知整理得到。

---

① 陈高宏：《"三量递进"：30 年来浦东新区开发开放取得的重大成就》，载 MBAChina 网 https://www.mbachina.com/html/cjxw/197001/268970.html。

二、聚集结构完整的创新主体体系，加快科技创新成果的产出

浦东新区已初步形成科创企业、研发机构、服务平台等多类型创新主体的聚集，区域创新能力显著提高，创新参与的环节前移。

（一）构建起以科创企业为核心，包括科研院所、服务平台等多组织的创新主体体系

重视科技的创新环境下，浦东新区聚集起一批体系完整的创新机构，包括高新技术企业、研发机构及科创服务平台等。浦东新区重视对科技创新的投入，科技小巨人（培育）企业数在 2020 年末达到 537 家。关于科学技术的一般预算支出在 2011 年至 2019 年间，由 239029 万元上升至497158 万元，十年间增加了一倍。

高新技术企业：截至 2020 年末，3784 家经认定的高新技术企业落户浦东新区，约占上海市高新技术企业数量的 22%，为浦东新区注入创新活力。研发机构：多类型的研发机构聚集浦东新区。企业的研发机构是企业研发能力的发动机，2020 年末，浦东新区拥有 622 家经认定的企业研发机构，其中，国家级 43 家、上海市级 206 家、浦东新区级 373 家。独立专业的研发机构积极融入新区高新技术产业架构，加快产研学的顺畅衔接。例如，2021 年 9 月，上海纽约大学、金融数据港和尼西伟恩数据科技有限公司间形成战略合作协议，聚焦金融科技创新。此外，张江实验室、李政道研究所、朱光亚战略研究院、交大张江高等研究院等专业独立的科研机构齐聚浦东新区，形成跨组织协同创新，为浦东新区提升基础研究和策源创新能力助力。服务平台：大科学装置聚焦科技前沿的重大突破，浦东新区目前已建成软 X 射线自由电子激光试验装置、上海光源、蛋白质设施等大科学装置，活细胞结构与功能成像等线站工程、国家海底长期观测网项

目、硬 X 射线自由电子激光装置等 7 个大科学装置在建中（2020 年浦东新区年鉴——科学技术），未来浦东新区有望发挥大科学装置的聚集效应，探索向企业开放共享的模式，推动前沿理论的突破。浦东新区知识产权保护方面的探索处于领先地位，成立上海知识产权法院和中国（浦东新区）知识产权保护中心，推进知识产权维权和确权进程有序快捷实现。此外，浦东新区成功举办"2020 世界人工智能大会"和"第三届世界顶尖科学家论坛"等国际性会议，构建开放性的创新生态系统。

（二）专利数量快速升高，区域创新能力提高，由协助者向主导者转变

目前，浦东新区已逐步形成以技术开发合同为核心的技术合同交易体系，体现了浦东新区在科技创新中由协助者向参与者的转变，区域创新能力提升显著。浦东新区科技创新成果的聚力经历了从孕育到平稳提升的阶段。浦东新区的科技成果转化加快，如图 3-2 所示，1994—2020 年间各类

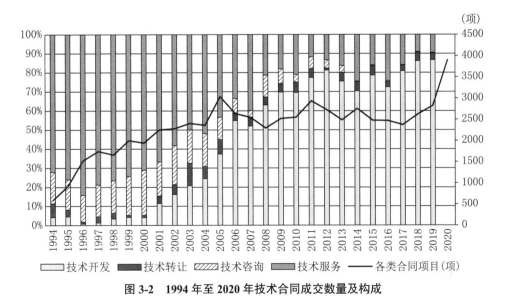

图 3-2　1994 年至 2020 年技术合同成交数量及构成

注：2020 年 12 月统计月报公布技术合同成交数量总额，但细分类型数量暂未公布。

技术合同成交数量总体呈现上升趋势。但各类技术合同成交数量的比重在2001年前后呈现较大转变。2001年前，技术服务合同成交数量占全部成交数量的70%以上，并且技术开发合同稳定维持在非常低的比重。2001年，技术开发合同的比重首次展现出较快增速，并且在此后几年始终保持强劲的增长态势，2006年，技术开发合同的比重已接近50%。2016至2020年间，浦东新区科技创新成果颇丰，共获得国家级科技奖项34项、上海市级奖项390项，每万人口发明专利拥有量上升至90件。

三、初步实现科技创新能力向产业竞争优势的转化，战略新兴产业发展迅猛

浦东新区聚焦科技赋能的"六大硬核产业"推进技术突破，引领创新驱动下经济高质量发展。2020年，浦东新区规模以上战略性新兴制造业产值达到5035.68亿元，实现17%的高速增长。围绕"六大硬核产业"，浦东新区已聚集起一批核心竞争力较强、结构分明的企业，以及科研院所、功能平台、协会联盟等，形成体系完整的创新网络，产业规模和效益快速提升。

"中国芯"：2020年，浦东新区集成电路保持快速增长态势，产业规模达到1471亿元，在上海市比重达到71%，占全国16.63%。从企业结构来看，浦东新区已聚集起一批集成电路的龙头企业，如英飞凌、肇观电子、守朴科技、晶心科技、瓴盛科技等，涵盖芯片材料、设计、制造、封装测试等上下游链条。7家全球十强芯片设计企业在浦东新区设立区域总部，2家全球十大晶圆代工企业总部落户浦东新区。从空间结构来看，张江地区是浦东新区集成电路发展的重镇，2020年，张江集成电路规模在浦东新区的比重超过85%。2021年第一季度，张江集成电路保持显著的竞争优势，营业收入已达到267.61亿元。

"创新药"：浦东新区以张江成为全国药品和医疗器械的重要创新策源地，2016 年至 2020 年间，浦东新区生物医药产值的年复合增长率约为 10.6%，产业规模实现由 418.58 亿元到 626.02 亿元的稳步增长。浦东新区张江已成为"中国药谷"，"张江生物医药创新指数"（张江集团和上海市科学学研究所等，2021）指出，张江在生物医药领域对全国的贡献度超过 20%，培育一类新药的上市数量全国占比三分之一，培育医药科创企业上市数量占比全国五分之一。张江汇集医药产业的创新资源，超过半数的全球医药十强企业布局张江，企业开放创新中心和科研院所齐聚张江，如中科院药物所、张江药物实验室、国家新药安评中心等。

"蓝天梦"：2016—2020 年浦东新区民用航空产业实现增长近 10 倍的飞跃发展，产业规模由 2016 年不足 10 亿元，2020 年上升至 100.97 亿元。浦东新区以中国商飞、中国航发商发为核心企业，加速大飞机产业链布局，国产机型进展顺利。ARJ21 实现批量生产，交付国航、东航、南航等航空公司，截至 2021 年 5 月末，已累计交付 50 架；C919 已完成大强度试飞，预计 2023 年将实现首次交付；CR929 于 2020 年确认总体技术方案及系列化发展方案，2021 年进行供应商选择和设计阶段。

"未来车"：2020 年，浦东新区汽车制造业产值达到 2691 亿元，同比去年增长 31.6%，领跑浦东新区工业发展。汽车制造业是浦东新区规模最大的工业行业，同时，2020 年在上海市汽车制造业产值的比重已达到 38.9%。浦东新区吸引产业链各环节的企业落户，如表 3-3 所示，涵盖汽车零部件、整车制造及测试等环节。一些重大项目落户浦东新区，包括临港特斯拉超级工厂、高端智能纯电"智己汽车"、阿里云创新中心—宝马初创车库联合创新基地等。新能源汽车表现亮眼，2020 年规模以上新能源汽车产值为 472.49 亿元；2021 年前四个月延续强劲的发展势头，产值上涨将近四倍。

表 3-3　浦东新区"未来车"重点片区现状

片 区	政策扶持	代表企业
金桥开发区	成立新能源汽车产业园和智能网联汽车产业基地，瞄准新能源和智能化的前沿技术方向	菲翼汽车电气（上海）有限公司、华人运通、上汽联创智能网联创新中心、华为车 BU 等
临港新片区	《临港新片区智能网联汽车产业专项规划（2020—2025）》	上汽荣威、上汽大通、纽劢科技、华人运通、图森未来、赢彻科技、博雷顿等

资料来源：《浦东时报》第 2388 期报道整理。

"智能造"：浦东新区 2020 年规模以上高端装备制造业总产值为 876.02 亿元，8 家企业入围上海市智能工厂。产业的技术攻关方向主要围绕邮轮、机器人等。浦东新区承载厚实的船舶技术，拥有全球先进的 LNG 运输船、加注船等。首艘国产大型豪华邮轮的制造进度已于 2021 年 5 月底达到 86%，有望在 2023 年交付。机器人产业以张江机器人谷和金桥机器人产业园为核心区域，如表 3-4 所示，机器人全生产流程的相关企业形成聚集。

表 3-4　浦东新区机器人产业重点区域现状

核心区域	着力点	重点企业
张江机器人谷	核心：高端医疗机器人 重点：特色工业机器人和智能服务机器人	医疗机器人：复星直观、微创机器人等
		工业机器人：ABB 等
		智能服务机器人：云迹科技、高仙自动化、傅立叶智能等
金桥机器人产业园	"工业互联网＋机器人"，聚集体系完整的机器人上下游企业	上游产业（硬件）：欧姆龙、费斯托、罗克韦尔等
		中游产业（本体制造）：卫邦、安翰、擎京、弗徕威、新松等
		下游产业（应用服务）：上海交博、上海宾奥等

资料来源：由中国新闻网和人民网相关报道整理得到。

"**数据港**"：浦东新区"数据港"定位聚焦数据服务和数字经济，初步形成数字经济策源地雏形。2020年1—11月，软件和信息服务业营业收入实现1329.1亿元，同比增长5.9%，并在前五年间累计形成3.5万件软件著作权。2020年，浦东新区39家软件企业入选"上海软件企业规模百强"，其中百亿级企业有3家。此外，2020年规模以上数字创新产业产值达到107.31亿元，赋予浦东新区新的经济增长点。

四、运用"园区"建设聚焦科技创新的重点方向，辐射上海市内其他区域

浦东新区形成以张江科学城为核心的南北科技创新带，运用特色园区聚焦高端产业的发展，不同园区间逐步形成稳定的产业联系。

（一）运用园区聚焦高端产业，打造南北经济创新带，张江科学城实现科技创新的高速发展

南北创新经济带设立特色园区。浦东新区以外高桥、金桥、张江、临港新片区为主体形成"南北科技创新带"，如表3-5所示，每个片区下设置多个特色产业园区，聚集创新资源，打造产业发展高地，引领高新技术产业领域的源头创新。

表3-5 南北经济创新带特色园区分布

片 区	核心领域	特色产业园区
外高桥	航运贸易	智能制造服务产业园等
金桥	先进制造业	5G产业生态园等
张江	高新技术	人工智能岛、张江在线、机器人谷、集成电路设计产业园、创新药产业基地等
临港新区	制度创新	大飞机产业园、东方芯港、海洋创新园、信息飞鱼、生命蓝湾等

资料来源：上海市经济和信息化委员会。

张江成为辐射全国的科技创新发生地。张江科学城是浦东新区乃至全国推动原始创新的核心引擎，集中力量发展集成电路、生物医药和人工智能产业，旨在打造国际一流科学城。2017 年张江高科技园区转变为张江科学城，空间范围的扩大推动更广范围内创新资源的聚集和溢出，实现向科技地标的转变。近年来，张江积极推动"五个一批"项目，分别是大科学设施、创新转化平台、设施生态、产业提升和城市功能，从创新主体、创新环境和交互渠道等领域打通科技创新的堵点和痛点，营造功能完善、开放协同的创新生态网络。目前第三批项目处于遴选中；第一批共 73 个项目；第二批的 82 个项目全部已开始建设 ①。

（二）战略新兴产业与其他片区间分工与协作，市内创新的空间溢出和辐射作用较强

浦东新区注重与上海市内其他区域分工合作，战略性新兴产业已形成较为稳定的空间格局。如表 3-6 所示，浦东新区战略新兴产业的发展在上海市内已形成显著的优势地位，尤其是产业链前端的研发阶段，集成电路、生物医药等产业以浦东新区为核心辐射效应明显，航空、汽车制造、机器人等产业片区间分工协作。

表 3-6　上海市各区部分战略新兴产业的空间布局

战略性新兴产业	空间格局	浦东新区定位
集成电路	一核（浦东新区）多极	产业链条最完整、产业规模最高、企业数量最多的区域；其他区域各有所侧重，内部尚未形成完整的产业链条
机器人	3（浦东新区、宝山、嘉定）+X	工业机器人和服务机器人并行发展
新能源智能汽车	1（嘉定区）+2（金桥、临港）+X	金桥侧重汽车研发、制造及销售，临港侧重制造、销售和应用示范；嘉定区的汽车产业链条更完备

---

① 《全球科创动态 2021 年第 3 期》，上海中创产业创新研究中心，2021 年 2 月 11 日。

战略性新兴产业	空间格局	浦东新区定位
生物医药	1（浦东新区）+3+X	侧重研发及制造，产值具有显著优势
航空	2（浦东新区、闵行）+X	集中在飞机的研发、制造和总装；其他区域可提供航空服务、维修等

资料来源：由上海市经济和信息化委员会产业地图整理。

第三节　浦东新区创新引领的瓶颈和挑战

未来五年是全面建设社会主义现代化国家开局起步的关键时期，浦东新区打造社会主义现代化建设引领区，是上海发展的重要一环，对于在这过程中所面临的挑战应该给予重视。

一、科技创新短板

浦东新区科技创新实现质的飞跃，需打破基础研究不足、创新要素结构失衡、"领跑者"式主体缺乏和空间尺度整合弱等瓶颈，增强科技策源的内在驱动力。

（一）创新能力发展不均衡，基础研究仍有待加强

浦东新区科技创新能力实现快速飞跃，但基础创新能力仍有待提升。如图 3-3 所示，2010 年至 2020 年，浦东新区专利授权数总体保持提高趋势，尤其在 2014 年后基本保持连年上升态势，凸显浦东新区技术创新能力的稳步提升。但从专利类型分布来看，科技创新能力尚未实现全面提升，尤其在基础研究领域较薄弱。2012 年起，浦东新区外观设计专利比重快速萎缩，实用新型专利的主要地位开始凸显，但发明专利的比重始终

未能有较大提升。基于《中华人民共和国专利法》对发明专利的概念，发明专利包括产业发明、方法发明和改进发明，其所体现的创造力和创新度高于实用新型专利。《中国基础研究竞争力报告 2020》表明上海市的基础研究能力整体较为薄弱，次于北京、江苏和广东，仅位列全国第 4 名。因此，浦东新区发明专利比重较低一定程度反映出专利的价值和质量仍有待提高，基础性科技创新能力仍有较大提升空间。

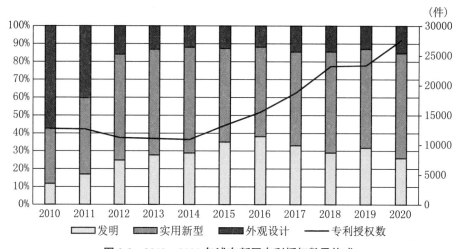

图 3-3 2010—2020 年浦东新区专利授权数及构成

资料来源：《2020 年浦东新区年鉴全书》。

（二）创新要素的供需结构失衡，抑制科技创新能力飞跃

浦东新区仍存在科技创新需求和创新要素供给脱离的现象。对于资本要素而言，部分中小企业仍面临融资渠道有限、融资成本较高等难题，抑制中小微企业进行创新投入的意愿。科创板拓宽企业融资渠道，但科创板上市企业聚集在战略新兴产业，对基础理论研究的支撑作用较弱。浦东新区发布一系列支持中小微企业创新创业的支持政策，但存在方式较为单一、引导方向不够聚焦等潜在改善空间，需调动更多类型的金融机构、运用更多类型的金融产品，支持金融业和科技创新的融合。对于人才要素而

言，高级人才紧缺的现象较为突出。战略新兴产业的人才缺口较大，2019年"浦东新区人才紧缺指数调查"指出，"六大硬核产业"存在人才紧缺现象，部分行业人才严重缺乏，如航天装备制造业、船舶制造业、医药制造业、互联网和相关服务业、保险业等，存在 106 个重度紧缺岗位[①]。高技能人才储量已形成一定规模，2020 年上海籍高技能人才总量为 116 万人左右，在技能劳动者中占比 35.03%[②]，但人才是推进科技创新活动基础要素，留住人才方能真正实现创新要素的活力。浦东新区还需下更大功夫提升人才的留浦意愿，特别是生活成本较高这一障碍因素。2021 年全球城市生活成本排行榜（Mercer，2021）中上海位列第 6 名，相较于 2020 年上升一个位次，是中国上榜城市中排位最高的城市，上海的生活成本高于首尔、纽约、新加坡等地。

（三）本土"领跑者"式创新主体匮乏，限制原始创新和根本式创新的输出

浦东新区已聚集起类型和数量较多的创新主体，但创新主体结构中缺乏本土"领跑者"式的龙头企业和顶尖院所。技术和知识密集型产业是科技创新的前沿阵地，浦东新区仍需加快培育或吸引龙头企业入驻。例如对于机器人制造领域，日本发那科、安川电机、瑞士的 ABB、德国的库卡为首的"四大家族"占我国近 60% 的市场[③]，而浦东新区虽已聚集起一批涵盖工业机器人上下游的企业，但尚未出现可以抗衡的本土龙头企业；服

---

① 《你是浦东新区在找的人吗？2019 年浦东新区 106 个岗位，人才重度紧缺！》，浦东新区归国留学人员联合会，2019 年 12 月 31 日。

② 周渊：《上海高技能人才总量已达 116 万人》，载央广网 https://baijiahao.baidu.com/s?id=1685770754277148682&wfr=spider&for=pc。

③ 长城号 SEO 专员：《机器人四大品牌是什么，工业机器人四大家族介绍》，载长城号 https://www.changchenghao.cn/n/158196.html。

务机器人领域全球范围尚未出现龙头企业，浦东新区若能在这一领域出现"领跑者"式企业，或将带动浦东新区成为服务机器人产业的关键地带。引导资本的有序投入实现集聚，有利于引导高新技术产业偏离冒进式的不良竞争，发挥头部龙头企业的带动和引领科技创新的作用。同时，浦东新区顶尖院校集聚不足，上海的顶尖高校校区主要位于其他区域。2019 年，浦东新区拥有上海科技大学、上海纽约大学、上海海事大学、上海中医药大学、上海海洋大学、上海立信会计金融学院等 19 所高等院校（2020 年浦东新区年鉴——教育），高等院校体系的层次性不足，顶尖高校的带头作用难以发挥。

（四）创新的空间结构发展不均衡，空间辐射范围仍需扩大

一是浦东新区仍存在短板片区，空间结构发展不均衡。浦东新区已培育多个竞争力较强的片区，如张江、金桥、临港、外高桥等，这些片区已逐步形成自身的核心竞争产业和优势，但仍存在部分片区发展沉寂，创新网络中的重要程度仍存在进一步提升的潜力，存在优势产业定位不明晰、创新要素集聚不足、片区间协作不足等问题，区域短板的提升将进一步激发浦东新区创新资源整合和流动的活力。二是浦东新区和长三角其他省市的创新联系有待进一步加强。上海市近年来积极推动与其他两省一市的协同发展，包括推动创新资源共享、加强创新合作等，共同搭建长三角国际技术创新中心、长三角科技资源共享服务平台等，但合作领域较为狭窄、合作深度仍需加强等问题依然突出，长三角区域深厚的要素基础尚未在科技领域的协同中完全释放，浦东新区作为核心承载区的辐射带动潜力仍需进一步激发 ①。

---

① 王德忠等：《浦东社会主义现代化建设引领区：逻辑演进与战略路径》，格致出版社2023 年版，第 117—118 页。

二、国际创新环境恶化

（一）我国作为后发国家，科技创新仍存在薄弱地带

我国经济增长长期依靠资源和投资拉动，部分产业对国外高新技术、材料等依赖性较强，而向高质量创新驱动型经济的转变离不开科技创新。我国科技创新的综合能力虽显著提升，《2021 年全球创新指数报告》（世界知识产权组织）显示我国位列第 12 名，实现连续九年位次上升。但我国科技创新仍面临人才缺口、自主创新薄弱、知识密集型产业附加值低等难题，未能实现创新大国向创新强国的转变（陈曦，2020）。科技创新是经济实现由效率、要素驱动向创新驱动的原始驱动力，是经济发展突破平台期的关键要素，浦东新区引领创新将面临众多研发难关。一是如何率先实现以更快速度赶超科技强国。韩国科学技术企划评院（KISTEP）在 2021年发布的《韩国 2020 年度技术水平评估》中指出，中美技术水平在 11 个大领域 120 个重要方向上存在 1.6—5.1 年内的差距。可见浦东新区需在更广领域、更快速度加快科技创新，方能实现与科技强国的并驾齐驱。二是浦东新区如何率先克服现存技术研发的障碍因素。当前我国科技创新仍存在企业创新能力发挥不足、科研行政化色彩较重、产学研用体系不完善、存在"卡脖子"技术等问题，浦东新区克服这些难题需怀有更大范围大刀阔斧改革的决心，从而实现科技创新能力和经济高质量发展要求的匹配。

（二）国际科技竞争激烈，科技创新成为各国博弈的重要领域

科技革命是经济长期高速发展的原始动力，目前各国正处于第三次科技革命的存量博弈阶段，再一次引领经济高速发展的重大科技创新尚未露出全貌，因此科技创新成为各国争夺制高点的重要领域。在科技创新竞争中拔得头筹的国家将在国际格局中掌握经济的领先地位和话语权，倘若错

失新一轮科技革命的机遇，将在国际竞争中处于下风，因此科技创新关乎经济持续驱动力和国际竞争力的形成。美国在 2021 年 6 月通过旨在增加研发支出的《2021 年美国创新与竞争法案》，英国也计划自 2020 年起加大研发资金投入，实现在 2024 年至 2025 年间投入翻一番。2021 年 3 月，日本发布《第六期科学技术与创新基本计划》，奠定 2021 年起未来五年科技创新政策基本框架。可见，各国都在加紧布局科技创新蓝图，提高科技创新的速度和质量。新一轮科技革命的窗口期转瞬即逝，经济基础的稳固始终是国家安生立本的命脉所在，而经济持续增长的线索将掌握在科技强国手中，实现核心理论和关键技术的突破，方能在国际竞争和分工中拥有话语权，上升至全球价值链的前端位置，因此浦东新区率先探路、引领创新是应时所需。

（三）随着全球创新格局向亚洲转移，部分国家对我国实行技术遏制和封锁

技术遏制随着创新地理分布向亚洲转移，形成多中心的全球创新格局。新冠疫情后保护主义、逆全球化抬头，国际范围内产业和技术供应链出现断点。美国自 2018 年中兴事件起，多次将我国企业列入所谓的"实体清单"，这导致这些企业获取美国的高新技术、产品或材料时，将面临严格审查，甚至难以建立合规渠道与美国企业形成合作。例如美国商务部工业与安全局（BIS）于 2020 年 12 月发布包含 77 个组织或个人的"实体清单"，其中中国企业或科研院所就占据了 60 个席位，包括中芯国际、大疆创新科技有限公司、中德美联生物技术有限公司等科创型企业[①]，形成对我国集成芯片等高科技产业的打压之势。2021 年，美国又先后将我国

---

① 蒋莉蓉：《美商务部将 77 个实体列入"实体清单"，涉及中国众多高校、企业及个人》，载环球网 https: //3w.huanqiu.com/a/c36dc8/41A2GtLmw7r?agt。

超级计算机实体、光伏企业等列入"实体清单",其本质上是利用全球创新网络中的技术权力实行霸权主义,旨在打压我国实体经济的发展,保障美国在国际竞争中"一家独大"的绝对优势地位。因此,加快自主创新步伐、掌握关键核心技术,成为保障国家安全的重要要求。国际创新环境恶化和技术协作断裂使全球创新网络中存在断点,造成我国高新技术产业供应链、价值链的断裂,打压我国高端产业的升级和发展,增加我国作为后发国家实现技术赶超的难度。部分发达国家借助科技制高点的领先地位,通过技术封锁与管制形成贸易壁垒,大大减缓创新要素在国家间的流动,因此充分调动国内创新要素的流动,培育自主创新能力以补链强链,加强对核心技术的控制能力,有利于把握技术红利,形成高新技术产业的国际竞争优势。

第四节　浦东新区创新引领的路径展望

浦东新区创新功能升级面临经济高质量发展、创新范式转变、国际环境恶化等前所未有的新局面,迫切要求浦东新区"担最重的担子、啃最硬的骨头",率先探索科技创新体制的系统变革。新变局下鞭策浦东新区树立自主创新和原始创新的新目标,开辟协同创新和开放创新的新创新空间格局,以制度创新的方式实现新目标和新空间格局。

一、激活创新要素活力,实现创新要素的集聚和高效投入

(一)加快金融业和战略新兴产业的融合,实现金融赋能创新

推动金融资本和产业资本的融合发展,聚焦战略新兴产业,助力世界

级产业集群产生。一是引导资本的有序投入，加强对高新技术产业的支持力度。发展投资银行，优化产业专项基金的运行效率，灵活运用投贷联动等多种方式为战略新兴产业提供资金支持。加强中小微企业运用金融市场的能力，同时预防资本盲目无序投入，在扩大金融市场支持范围的同时加强资本的管控和引导。二是加快金融理念和工具的革新，针对性解决战略新兴产业在投融资过程中的障碍。突破通过抵押担保获取现金流的传统理念，在风险可控前提下摸索新型金融工具的运用，如运用对赌协议实行定向支持从而加强产业专项基金目标的实现驱动等。通过建立研发机构等方式加快金融科技的发展，丰富金融机构的类型实现融投资渠道的拓展，提高资金的可得性和程序的便捷度。加快科创板引入做市商制度，助力中小微企业投融资。储备实力较强的金融中介机构进而提高中介效率，保障市场稳定。三是加强企业发展的全生命周期、企业特性和阶段性所需金融服务的匹配。实现金融服务覆盖企业的全生命周期。孕育阶段可运用种子基金、天使投资等金融工具，促进科技新理念落地，创业阶段可运用风投、私募股权等方式等，针对企业的孕育、初创、成长和成熟阶段等不同阶段的资金需求创新金融工具。引导金融机构拓宽对中小微企业的信贷服务范围，鼓励龙头企业探索供应链金融模式。

（二）构建包容、开放、关怀的人才政策体系，构建利于潜心研究的管理模式

构建包容、开放、关怀的人才政策体系，从人才的实际所需出发，增强浦东新区的人才"向心力"。一是完善人才培育和引进机制，扩充高级技能人才的储备量。确立长远的人才培养战略模式，健全人才培养和前沿理论、产业应用的双向互动机制，积极储备紧缺人才，如创新团队、领军人才、青年人才等，将人才培育的目标、模式变革和科技创新的人才需求紧密结合。引导高等院校与科创企业间的人才培育合作，实施高技能人才定向培养机制，针对战略新兴产业的人才需求定向培育一批高精尖人才，为产业的升级和科技赋能提供人才支持。积极引进外部优质人才，立足浦东新区面向国际的开放优势，在国际范围内招贤纳士，积极引入国外的优质人才资源，广泛汇集一切人才要素以实现科技创新的飞跃发展。改善人才的生活品质，优化片区的基础设施建设和人才保障服务体系，推进非上海籍人才的社会保障、医疗、教育、住房等与上海籍人才享有同等待遇，通过人才公寓、住房基金、住房补贴、规范中介机构等多样化的方式化解人才住房成本高的困扰。二是率先革新基础研究人员的管理和考核模式，营造能够静下心"坐冷板凳"进行长期基础研究的学术氛围。以论文数量为标准的考核机制一定程度上激励竞争，推动科研成果数量的增加，但成果的质量和价值的重要性被压缩，尤其是对于研究周期长的核心理论攻关难以在这种机制下获得成比例的收益，"短平快"的浮躁风气不利于高价值、前瞻性的科研成果产出。因此，浦东新区应加快科研人员考核机制和激励机制的变革，抛弃唯论文的考核标准，针对不同学科特点采取更多样、灵活的考核标准，建议将科研人员的工资和工作强度和时间挂钩，使科研人员获得稳定、体面的收入进而心无旁骛进行科研活动，激励科研人员敢进入科技前沿的"无人区"，秉持科学家精神和科技创新的"四个面向"，提高人才在基础研究、核心理论和技术难关的科研意愿。

二、明确各类创新主体的职责，优化创新网络的结构

（一）强化企业的科技创新主体作用，构建多层次企业融通创新体系

企业是科技创新的重要载体和核心力量，因此激发企业的创新活力是

浦东新区实现创新引领的重要领域。一是支持企业推进科技创新，巩固其创新主体地位。梯度建设龙头企业、独角兽企业、种子企业等多类型、多阶段企业，鼓励企业牵头组织跨组织、跨领域的科研项目团队，畅通企业承接创新项目的渠道。鼓励企业成立高水准的研发机构，鼓励龙头企业发挥引领带头作用，牵头建立关键技术和重大项目的研究中心。支持企业优化研发程序和组织架构，引导科技研发前沿的主导方向，增强企业对外部知识的识别和吸收能力。二是推进企业的科研成果转化为产业竞争优势，加快科技创新的供需匹配。加强企业和高等院校、用户之间的联系，鼓励企业构建以用户需求为向导的应用型技术研发机制，通过建立智慧社区、服务平台等方式及时掌握用户的产品反馈和共性需求，针对共性需求加快技术的研发和转化。政府加快搭建跨企业、跨行业、跨领域的统一技术交易平台，建立科技创新成果转化和推广的常规程序和标准，扩充企业外部的技术了解和购买渠道，推动产业链上下游企业协作创新，加快新技术形成产业新增长点。三是整合产业可用的全部创新要素，不同规模间的企业加强融通创新。鼓励龙头企业面向其他企业开放创新资源、需求和业务交流，带领中小微企业建立开放式、共享式创新服务平台，融通中小微企业和龙头企业间的创新活动，采用研发众包、企业生态圈等形式，促进不同规模企业间的研发合作，从而实现科技创新活动在产业链条、研发链条间多主体、跨组织式互动参与，推动科技创新效率的提高。

（二）科研院所突破行政藩篱，提高与市场的亲近度

科研院所兼备理论突破和技术创新的创新倾向，建议浦东新区率先探索新型管理模式和激励机制，针对不同类型的研究领域平衡运用政府调节手段和市场需求，瞄准基础研究动力不足、研究方向和市场需求脱节两大关键问题。一是在基础研究领域加强政府的引导和支持，与世界前沿科技趋势衔接。基础研究成果产出的周期性长、风险性高，浦东新区尝试建立长周期重大项目申报和关键点考核机制，依据不同学科的研究周期和成果形式确立多种类型的考核形式，贯彻落实国际战略级科研项目的实施，让科研人员的智慧在宽松沉稳的科研机制下迸发，开辟"最先一公里"的科研领域，加快原始创新和策源创新。二是对于基础研究向实践的转化和应用型研究，加强与市场主体的紧密联系。科研院所在我国多属于事业单位，与市场机制天然存在隔离感，科研经费依赖政府的拨款和支持，因此科研院所较少与市场主体打交道，造成科研方向易与市场需求相脱离。建议浦东新区率先赋予科研院所更大范围的市场参与权利，推动科研院所与企业、经济园区建立长期的研究—应用对接机制，以市场需求为导向，加强应用型研究的对口程度，同时提升基础研究转化为实践的效率。推进建设各类应用型研究平台，如制造业创新中心、产业技术创新战略联盟、重点实验室等，缓解市场亲近度不足的矛盾。探索科研院所科研成果高效的转化、应用机制，实现前沿识别、技术孵化、投资评估到应用的有机结合，聚焦科研成果"最后一公里"的转化效率和对口程度，实现科研输出和市场需求一体化、顺畅连接，使"纯科研活动"的价值在市场中得到彰显。

（三）完善创新服务组织和平台体系，系统性优化创新生态环境

系统性优化创新生态环境，建立全方位的科技创新支撑和服务体系。一是推进科技创新领域市场机制的优化，营造市场化的创新环境。完善市场准入标准、有序竞争、有力监管等方面的制度建设，加快实现公平竞争、统一有序、包容审慎的市场体系。统筹构建产业链、创新链、要素链上下游的制度体系，给予创新新协作模式和产业业态政策空间，打破不同产业间的"信息孤岛"状态，形成要素丰富、主体活力、交互有效的创新网络。二是积极建设科技创新服务平台，助力创新"堵点"的疏通。加快大科学装置向科研团队或企业的共享开放，聚焦重大科研项目，发挥大科学装置的支撑作用。积极建设和推广共性技术平台，聚焦不同产业间关键的交叉技术，推动技术在产业上下游的广泛使用，提高科技创新成果的应用广度和效率。三是基于科技创新从理念迸发到落地实践全过程中的难关和障碍，建立完备的科技创新服务组织。针对创新主体在基础研究、工艺创新、成果认证和转换、信息和设施服务等环节的难题，通过服务组织实现"一对一"服务，共性的服务需求指导政策改革的方向，而特色难题则有针对性采用"一案一策"方式，营造鼓励创新、服务创新的创新环境。

三、构建产学研用模式，加快产业创新需求和科技前沿的有机结合

（一）强化科技创新供需两端的双向互动，动态驱动科技创新

建立产业创新需求和科技前沿演化的双向互动机制，传统传导链条在于基础研究和应用研究如何转化为产业竞争优势，以科研突破带动产业价值链升级。一是搭建科研前沿和产业创新需求的交互平台，以数字化和互联网赋能双向传道的精确性、及时性、智能化。科技互联网和数字化打破组织间知识传递的时空限制，推动系统内互动渠道建设和创新网络扩张。重视产业创新需求向科技研究领域的传导平台建设，以市场需求强化创新激励，形成科技前沿和产业发展的有效结合。率先建立产业互联网，促进创新需求和供给信息的及时发布和准确匹配，缩短创新成果向产业竞争优势转变的周期。二是强化产学研用的长链条下不同主体间的交流协作。引导各种类型的创新主体开创创新分工协作的新模式，如企业和科研院所共建研发中心、产业联盟等，形成共生共荣、协作高效的创新网络。重视用户在创新网络中的节点位

置，"双循环"的新发展格局下国内消费潜力亟须进一步激发，关注用户的创新需求和愿望，通过科技创新提升消费者的消费意愿，同时通过创新供给的提升和增加创新消费新需求，实现消费者需求和科技创新间螺旋式上升。重构企业和用户间的交易关系，基于数字化组织和平台延长用户服务范围，建立用户需求的反馈机制。优化创新网络中不同主体间的利益共享、风险共担机制，率先探索产学研用链条中的利益分配和风险承担原则，促进不同主体贡献度的有效识别和创新风险的有效防控。

（二）巩固战略新兴产业发展优势，持续开创科技创新新动力

巩固和强化浦东新区优势战略新兴产业，围绕"六大硬核产业"进一步发力，以产业发展触发科技创新新动力。一是聚焦战略新兴产业的短板，制定产业链加固和延伸计划。成立独立的产业链负责部门，基于"六大硬核产业"在人才链、资金链、供应链、创新链、价值链的堵点和断点，推动重大规划先行、重要要素匹配、重大工程和项目建设等，与企业代表协商协作实现精准支持，联合企业攻关关键链条环节的难点和薄弱环节。加强园区内不同产业间和各个企业间的协同创新，充分发挥集聚效应，避免"集而不聚"的割裂式空间格局。二是建立产学研用等多方主体构成的产业政策制定体系。推动产业政策制定面向企业、用户、科研院所，参考各方的诉求和建议，使产业政策充分体现创新主体的利益诉求，进而减小产业政策执行的阻力，提高政策的实行效率。三是制度创新紧跟战略新兴产业新技术和新业态，遏制旧的不适应现状的制度对科技创新的锁定效应。战略新兴产业的发展与人工智能、大数据、5G 通信等新技术紧密融合，呈现平台化、生态化、智能化、共享化等新业态，产业的新变化对制度的设定和更新提出挑战。浦东新区引领制度创新，率先针对产业发展的新要求、新领域构建相应的制度体系，统筹各级、各类部门，确保

制度创新方向的统一性。

（三）对标世界领先，瞄准科技前沿，以重大技术变革开拓经济发展新开局

能否在科技前沿领域占据一席之地，关乎一国经济发展潜力和安全，因此浦东新区在恶化的创新国际环境中应以更大决心和勇气攻克和涉足科技前沿领域，进而发挥创新的外溢效应和乘数效应，实现将科技创新变量转化为经济高质量发展增量的源泉所在。一是积极响应国家国际科技前沿布局和战略，激发创新资源优势的发挥。契合我国战略需要和提前布局，在人工智能、量子信息、集成电路、生命健康、脑科学、生物育种、空天科技、深地深海等科技前沿领域[①]，投入高强度研发资源，实现高速度、高效益、高价值科技创新。二是发挥浦东新区的创新资源和产业发展优势，力争成为全国科技创新的策源地。勇于成为科技无人区的领头羊和先行者，这是浦东新区全力打造创新引擎的重要任务之一，因此应前瞻布局量子科学、第三代半导体、6G 通信、元宇宙等科技前沿领域。上海首次将"元宇宙"发展纳入地方"十四五"规划，为浦东新区继续推动元宇宙底层核心技术探索和研究营造良好的创新环境，涉及网络通信、图像渲染、虚实交互、数据处理、资产加密交易等技术的进一步研发。加快量子科技前沿技术发展，建设量子科学专门科研机构，提升量子科学在新基建等领域的实用性。促进 6G 物理层、网络层关键技术的探索和创新，包括编码和调制技术、多天线技术、泛在智能等[②]，推动无线通信由"万物互联"到"智能互联"转变。

---

① 《中华人民共和国国民经济和社会发展第十四个五年规划和 2035 年远景目标纲要》，人民出版社 2021 年版。

② 联想 5G/6G 技术白皮书（2020 年版）。

表 3-7　浦东新区科技前沿领域超前布局的潜在方向

前沿技术	概念识别	应用场景
量子科技	量子科技包括量子通信、量子计算、量子测量等，是一项对传统技术体系产生冲击、进行重构的重大颠覆性技术创新，将引领新一轮科技革命和产业②	提升传输安全性、测量精确度和算力，将对基础科研、生物医疗、信息安全、通信网络等众多领域产生颠覆性影响
6G 网络	6G 网络技术具备全息通信、感官互联、通信感知等特征，助力实现真实物理世界与虚拟数字世界的深层融合	通信技术的再次革新，加强用户的沉浸式体验、感官一致性和通信资源分配精确度等
第三代半导体	第三代半导体材料主要分为碳化硅和氮化镓，在高温、高压、高功率和高频领域将替代前两代半导体材料	可应用于集成电路、新能源汽车、微电子和光电子等领域
元宇宙	元宇宙是整合多种新技术而产生的新型虚实相融的互联网应用和社会形态，将虚拟世界与现实世界在经济系统、社交系统、身份系统上密切融合	重构移动互联网时代的盈利模式，深刻影响游戏、传媒、电商等产业

资料来源：由《6G 总体愿景与潜在关键技术白皮书》,《2020—2021 年元宇宙发展研究报告》等整理。

四、全方位优化创新生态环境，提高科技创新效率

（一）营造国际一流的营商环境，释放创新主体潜力

强化科技创新与实体经济的融合，创设易于企业扎根的营商环境，使企业的更多资源投入科技创新活动。一是进一步明确政府和市场的行为边界，强化政府的服务职能。对于政府缺位的领域，政府积极补位以发挥引导、调节、管理等作用；对于政府越位、错位的领域，政府放手管理，快速让位于市场调节，降低企业的制度性成本。动态调整市场准入清单，明确"可为"和"不可为"的领域，在"可为"领域进一步提高企业的市场参与度。通过划分边界清晰的政府职能供给领域，由政府干预、替代

---

① 中共中央政治局量子科技研究和应用前景第二十四次集体学习，2020 年 10 月 16 日。

市场真正转变为弥补市场不足，实现政府职能和市场调节间相互补充的良性互动局面。加大对优质企业的低利率信贷投放，推进国际金融市场的繁荣，保障企业运用直接融资和间接融资的渠道顺畅。二是推动企业要素成本的降低，关键在于用地成本和融资成本。保障工业用地的稳定规模，保障工业园区的发展空间，加大对各类"炒"工业用地行为的惩戒力度，为企业的生存和发展营造安定的实体空间。三是降低企业的制度性成本。商事审批领域进一步实现环节减少和效率提高，构建集成的政务服务和办理平台，促进将多部门衔接处理的政务集合在一个平台办理，解决不同环节割裂下多平台处理的衔接不畅问题，提高企业政务办理的快捷性和精准度。

（二）建立健全的知识产权保护体系，营造保护创新的可靠环境

建立健全的知识产权保护体系，涉及知识产权咨询、服务和纠纷调解等环节，全方位为企业知识产权的产出保驾护航，打造世界一流知识产权保护标杆。首先，加强对相关创新主体的知识产权服务。企业的起步阶段易出现知识产权的保护机制不到位，或与其他主体产生产权纠纷时维权难的现象，因此应建立公开透明的知识产权服务平台，提供知识产权保护政策咨询服务，提高企业的知识产权保护意识，提前避免纠纷的发生。加快科创板拟上市企业知识产权服务站建设，推动知识产权价值的合理评估。其次，建立明确的知识产权纠纷解决机制。在产学研用的技术转化和应用链条中应明确各主体的知识产权权益，避免制度缺口下对组织间技术流转意愿的削弱。尽可能简化申报程序，降低维权成本，使企业愿维权、敢维权，营造尊重科技成果的创新环境，激发科技工作者的创新意愿。强化知识产权侵权的惩罚机制，明确知识产权侵权判定的事实标准，营造法治化的创新环境，维护科学家和企业研发的科研成果。

（三）制定与创新引领匹配的新区法规，构建法治化环境

用好用足浦东新区法规，建立与浦东新区创新引领相契合的法律保障体系，优化制度的供给能力。一是探索浦东新区法规常态化制定机制，把握这一项制度红利。强化特区立法权的运用能力建设，加强法律相关人才的聚集，借鉴其他特区的立法范围、程序或案例，促进浦东新区法规的用好用足。结合科技创新的薄弱环节和高新技术产业的发展短板，建立与企业、科研院所等创新主体间的沟通平台，明确相应的立法需求清单，制定科学可行、对症下药的立法计划。推动立法工作制度的常态化、长效化建设，使法规制定紧跟立法需求，适应浦东新区大胆试、大胆闯、自主改的引领功能。二是积极运用浦东新区法规引领科技创新方向，加强基础研究和理论突破。尽快制定科技创新领域的相关法规，以法定形式确立政府基础研究投入的额度底线，提高原始创新能力。三是运用浦东新区法规保障营商环境的稳定性，增进与企业的信任关系。加快以浦东新区法规形式确立全方位的营商环境优化方案，巩固现有的制度创新成果，提高营商环境相关制度的规范性和可信度。

五、优化创新空间布局，聚积科技创新新能量

（一）构建双向促进的区域协同创新格局，推动区域的协调发展

构建浦东新区与长三角区域其他城市间的良性双向互动关系，形成浦东新区辐射服务长三角、长三角承载赋能浦东新区的协同创新模式。一是整合运用长三角区域内的优势创新要素和资源，加强省（市）间的协同创新。长三角区域是我国经济高质量发展的先行区，能够为浦东新区的科技创新提供有力的产业、人才及资源等多方面的支持。基于各省（市）的创新比较优势，畅通跨省（市）间创新主体的交互渠道，强化浦东新区与苏

浙皖三省的协同创新，激发区域内部的创新活力。首先，构建互通互连的基础交通系统，构建畅通快捷的创新要素流通渠道。浦东新区以航运为契机实现紧密的国际联系，基于上海港、浦东新区国际机场为重要枢纽向外连接，构建合理分工、联通快捷的长三角港口和机场网络，实现创新资源国内和国外的高效、联动流动。其次，搭建长三角一体化系统创新平台，发挥浦东新区创新资源的集聚效应。针对核心理论和关键技术，加强区域内创新主体间的联合攻克和研发，发挥区域内集中力量的优势。二是基于浦东新区在战略新兴产业和科技创新的优势，发挥对长三角其他区域的辐射带动作用，共建世界级产业集群。鼓励浦东新区与周边地区共建园区，浦东新区带头共建长三角产业联盟、技术研发中心等，打造区域协同创新平台，助力区域的协调发展。打破省（市）间制度性的合作壁垒，支持区域内企业在更广阔的空间内建立产业分工和协作关系，避免相近城市间同质竞争而抑制创新效率。

（二）调动一切可用的创新要素，面向全球实行开放创新

面向全球吸收创新要素和开放创新主体，积极融入开放创新。一是调动和吸收全球的创新要素，助力浦东新区科技创新的快速推进。整合全球优质的创新要素，率先逐步尝试部分可行领域放宽外商投资限制，探索设备进口、外籍人才个人所得税等方面新税收优惠方式和限度设置，提升浦东新区对优质创新要素的吸引力，吸引更多优质的国外投资、信息和人才，同时统筹国内、国际两大市场内的创新要素，实现创新主体间的公平竞争和顺畅协作。二是加快科技创新制度的开放程度。探索制度、规则、标准等与国际标准和惯例对接，如成果标准、法律制度和仲裁等方面，增强境外人才和投资者的进浦意愿。三是鼓励创新主体加强对外交流和合作，在"循环"格局下形成更广范围的创新网络空间格局。瞄准科技前沿趋势，利用自贸试验区、"一带一路"等平台，加强浦东新区创新主体和国外科研院校、企业间的科技创新深度协作和高效交流。积极推动国家间创新联盟、共同研发中心等组织建立，搭建平台以推进多边科技协作。

浦东打造社会主义现代化建设引领区其创新之处在于以下方面，首先由点到线，明确企业作为科技创新主体的作用，围绕企业构建人才政策体系和管理模式，同时联系科研院校，率先探索新型管理模式和激励机制，构建良好的创新氛围和多层次企业融通创新体系。其次由线及面，完善创新服务组织和平台体系，加强市场、企业、用户三方之间的联系，进一步推进构建产学研用模式，加快产业创新需求和科技前沿的有机结合，同时加快金融业与新兴科技产业之间的融合，加速金融创新赋能。最后点面结合，针对浦东新区科技前沿领域进行重点超前布局，全面优化创新生态环境，优化创新空间布局，建立健全知识产权保护体系，聚集创新能量，推动区域协调发展。

第四章　浦东全球资源配置功能的基本现状与提升方向

　　中共中央和国务院《关于支持浦东新区高水平改革开放打造社会主义现代化建设引领区的意见》明确提出了浦东新区未来的战略定位之一就是要打造"全球资源配置的功能高地"，要"以服务共建'一带一路'为切入点和突破口，积极配置全球资金、信息、技术、人才等要素资源，打造上海国际金融中心、贸易中心、航运中心核心区，强化服务实体经济能力，率先构建高标准国际化经贸规则体系，打造我国深度融入全球经济发展和治理的功能高地"。为此，浦东新区需要从全球的视角出发，进一步通过优化在全球资源配置中的功能，参与全球竞争和国际合作提升资源配置能力，应对未来全球经济和技术发展的新变局。

第一节　全球资源配置功能的内涵和实质

一、全球资源配置功能的演化和变迁

　　"资源"一词最早指的是自然资源，而在现代经济学研究中，"资源"

指的是能够影响经济发展并且具有相应经济价值的因素。

总体上，资源受到时空条件和技术条件等一系列限制，人类对资源的开发和利用也在不断拓展，因此，资源的概念与内涵也随时代变化而不断拓展。随着人类利用资源能力和社会发展水平的逐渐提升，人类面对的资源逐渐从自然资源（土地和劳动力）逐渐拓展到资本（资金）资源、技术资源和信息资源。

资源配置能力就是指要素资源存在状况与配置方式及其在资源配置过程中所具有的功能与效应。而全球资源配置能力，是指在全球化与信息化背景下所具有的，在全球范围内吸纳、凝聚、配置和激活经济社会发展所需的资本、产业、技术、人才、信息等战略资源和生产要素的能力。这种能力反映了在全球范围内进行资源配置、推动要素自由流动的规模、质量和效率，体现了一个国家或地区或一座城市发展的全球化、创新性、高端化及开放性等重要特征和趋势，形成了全球性资源和生产要素的配置功能和在全球重要的生产要素上更加显著的定价权，以及在全球化配置方面具有重要的竞争力和影响力。

在社会经济活动中，起主导作用的要素资源及其配置方式并不相同，它们往往随着时间、空间、实现方式的不同而发生变化。

在人类发展的初级阶段，自然资源决定了人类社会的发展前景和发展水平，因此，人们往往选择在自然资源相对比较集中的地区组织生产和生活，因此，此时的资源配置主要是围绕着土地和劳动力资源的配置展开。人们往往集聚在自然资源相对丰富的地区，如资源城市（如德国的鲁尔工业区因煤炭钢铁而兴起）、原材料丰富地区（如曼彻斯特等），并由此逐渐形成一系列新的制造业中心。

随着国际贸易的发展，特别是第一次产业革命以后，全球贸易蓬勃发展，全球资源配置通过贸易商品这种特殊方式体现出来，围绕着贸易需求，商品的集散地开始发展起来，成为新的全球资源配置的重要枢纽，一些重要的承载全球贸易的港口码头（如芝加哥、纽约、伦敦、新加坡等）成为承接新一轮全球资源配置能力的地区。全球贸易中心和航运中心开始在全球资源配置中发挥主导作用。

第二次产业革命后，全球经济发展的格局逐渐由商品输出向资本输出转变，资本成为主导全球经济发展的核心力量，一些老牌的制造业中心如曼彻斯特等开始衰退，而新的基于全球资金整合和流动的中心地区如香港、新加坡等开始后来居上，一些以贸易和航运为主要特色的中心如伦敦、纽约等，开始转型，金融逐渐取代原有的贸易和航运，在其经济中起主导地位。国际金融中心成为全球资源配置中的主要载体。

随着以信息技术为代表的第三次产业革命的发展，科学技术创新成为推动经济发展的核心力量，一些以高新技术研发和产业化为主要特征的地区成为新的主导力量，全球资源开始围绕着技术、高新技术企业等进行集中，"硅谷"、波士顿、筑波等新的影响全球资源配置的地区出现，一些老牌的资源配置中心如纽约、伦敦也进一步转型成以技术创新为主要特征的中心城市。全球资源配置围绕着科技创新和科技创新中心展开。

目前，随着以大数据、人工智能等为特征的新一代信息技术的发展，生产与消费之间的互动越发密切，技术研发和场景应用互相促进，供求之间、产业之间、产城之间的边界不断模糊，一种融合了生产、生活、研发和应用的能够进行全方位多种资源配置能力的新型载体——具有全球资源配置能力的全球化城市成为未来新趋势。

表 4-1　全球资源配置中心的演化

阶段	起主导作用的资源	特　征	载　体	代表性地区
1	自然资源（土地、劳动力）	自然资源丰富地区形成集聚	资源型城市，制造业中心	曼彻斯特、鲁尔等
2	可贸易商品	重要的交通枢纽或港口码头	交通要道（港口码头），贸易中心和航运中心	芝加哥、纽约、伦敦、新加坡
3	资本	资金融通、交易和结算中心	国际金融中心（交易平台）	纽约、伦敦、新加坡、香港等
4	技术	技术创新、高新技术企业和人才集聚区	高校或重要研发机构周边，科创中心	硅谷、筑波、纽约、波士顿、伦敦等
5	信息与数据（技术的延伸）	大数据、AI 的研发和大规模应用	全球资源配置资源城市	我们期待……

二、当前全球资源配置的新趋势与新动向

目前，随着以 iABCDE（物联网 IOT、人工智能 AI、区块链 Block Chain、云计算 Cloud、大数据 Big Data、边缘计算 Edge Computing）为代表的新兴技术兴起，数字信息在全球资源配置过程中的作用越来越明显，"谁控制了数据，谁就能控制未来"[①]，围绕数字信息资源的配置，全球资源配置呈现出以下五大新趋势：

（一）全球资本流向东亚特别是中国的趋势不可逆转，人民币在全球货币体系中的地位稳步上升

随着改革开放以来，中国经济迅速崛起并稳步开放和融入全球经济体系，同时，美国经济和美国全球地位的下跌成为必然趋势，全球资本向东亚特别是中国流动的趋势已经难以逆转，这意味着中国和上海在未来全

---

① 《人类简史》作者尤瓦尔·赫拉利教授在第 48 届世界经济论坛上的演讲，类似的言论如著名投资人孙正义、美国白宫经济顾问 Matthew Slaughter、全球宏观投资公司 CEO David Mccormick 等都有类似观点。

球资金配置中的地位稳步上升。这一方面，体现在美元在国际货币储备体系中的占比明显下降，全球去美元化已经形成趋势。据 IMF 统计，美元在各国外汇储备中的比例，已经从 2001 年的 73%，下降到 2022 年底的 59.79%。另一方面，随着疫情期间美国政府糟糕表现带来的动荡，各国政府对美债的信心持续下降，如 2020 年以来，外国投资者继续减持美国国债，截至 2022 年 10 月，所有外国投资者持有的美债规模 71854 亿美元，当年外资净减持美债达到 5950 亿美元[1]，可见美元的全球影响力在减弱。此外，一些国家如俄罗斯等抓紧与美元"脱钩"，美元的影响将进一步弱化。人民币在各国储备资产中的地位上升，根据国际货币基金组织（IMF）数据，截至 2022 年二季度末，已有 80 多个境外央行或货币当局将人民币纳入外汇储备，全球央行持有的人民币储备规模达到 3223.8 亿美元，占比为 2.88%，较 2016 年人民币刚加入 SDR 时提升 1.8 个百分点，继续在全球各国、地区外汇储备中居第五位[2]，超过了澳元（1.55%）和加元（1.78%）。2022 年，全球外汇市场上，人民币在全球外汇支付中的占比大幅上升至 7%，排名从 2019 年的第八位上升至第五，超过了澳元等发达国家货币、加元、瑞士法郎等全球主流货币[3]。在全球贸易中，2022 年 1 至 10 月，跨境贸易人民币结算金额累计达到 7.4 万亿元，其中 8 月单月结算金额突破 1 万亿元，为历史单月交易量最高[4]，人民币国际贸易结算职

---

[1] 数据来源："债台高筑式"经济"劝退"海外投资者 前 10 月外资净减持美债 5950 亿美元，新华财经 2022 年 12 月 16 日。

[2] 数据来源：中国人民银行宏观审慎管理局：坚持改革开放和互利共赢 人民币国际化稳步推进，中国人民银行 http://www.pbc.gov.cn/，2022 年 10 月 9 日。

[3] 数据来源：国际清算银行官网：http://www.bis.org/。

[4] 《大变局下全球经济的分化与博弈：2022 年全球经济金融回顾与展望》，《金融时报》2022 年 12 月 29 日。

能进一步巩固。

（二）全球产业链区域化重构趋势明显

在疫情发生前，"逆全球化"已经比较明显，疫情发生后，全球产业链的区域化重构已经成为世界经济发展的趋势之一，全球贸易占 GDP 的比重从 2008 年全球金融危机发生前的历史高点 26.5% 下降到 2020 年的 21%，下降了 5.5 个百分点。而随着疫情的发生，这种出于安全考虑的产业链布局将逐渐取代成本核算的全球产业链布局。更多国家和企业将调整供应来源地，宁愿牺牲效率也要换取就近供应安全。如法国总统马克龙强调，"我们今天的当务之急，就是在法国更多地生产"。为减轻对外依赖，每个国家都需要自主制造。越来越多的产业出于安全距离和产业链配套的需求，可能对其全球产业链、供应链和分销网络进行新一轮大重组大调整。同时，技术创新和人们消费方式的变化会带来生产更加接近市场，各国更加注重对核心技术、关键产业和关键资源等保护。

（三）全球数字贸易成为未来全球贸易新的增长点

随着全球技术、数字贸易等快速发展，未来全球服务贸易在全球贸易中占比将越来越高，预计将超过 50%，成为全球贸易中的主体，而离岸服务贸易在服务贸易中的地位也将越来越凸显。此外，特别是在全球贸易体系中，全球数字贸易平台的地位越发重要，已经从原来简单的服务业务几乎渗透到所有行业，许多服务产业通过全球数字贸易平台实现服务的智能化和自动化，在制造领域，传统的文化货物产品几乎被全球数字贸易平台下的数字内容完全替代，且全球数字贸易平台从单纯的交易平台转向交易、开发直至销售的综合型平台，已经影响了参与全球化经营的城市网络，成为全球城市网络的主导者。数据流成为决定服务贸易流、货物的流向和流量的主要力量。航运交通枢纽随着科技进步给整个航运业带来一系列颠覆性的变革和影响，未来航运业将出现全程供应链服务的新模式，航运产业集群功能转型升级将成为未来发展新趋，正在向"智慧航运"、港口码头共享和全球航运企业联盟化、大型化的态势越来越强化，企业间的并购重组和新一轮整合成为必然。

（四）创新和人才成为全球资源争夺的核心内容，各国在科技创新型产业方面的竞争趋于白热化

以 iABCDE（物联网 IOT、人工智能 AI、区块链 Block Chain、云计算 Cloud、大数据 Big Data、边缘计算 Edge Computing）为代表的新兴技术在科技创新中扮演重要角色，这些新技术进行产业赋能和数据打通（如数据信息、业务信息、场景信息等），使产品服务更加智能、场景结合更加紧密、数据价值更加凸显，不断催生新产品、新业态、新模式，为产业发展提供源源不断的创新活力。在此背景下，新产业新技术成为投资新旋律，技术、数据、标准成为竞争的新核心，围绕科技创新型高端人才的争夺将更加惨烈。目前 AI 产业的专家主要集中在美国（46%）、中国（11%）、英国（7%）、德国、加拿大和日本（各 4%）等国家，占全球 AI 专家的76%，他们将成为未来产业的主导国。

（五）城市特别是国际大都市作为全球资源配置功能载体的作用凸显

由于全球城市能够集聚大量功能性机构或者平台如跨供公司总部、全球性研发中心、全球性学术或文化交流机构等，这些功能性形成了跨越国界的全球经济网络，并成为影响全球资源配置的关键性主体。且集聚的机构或企业规模越大，对全球资源流动和配置的能力越强。全球城市更能够建立网络化的全球大平台，更能够形成高频率、密集化的信息集聚。一些大型的互联网交易平台如谷歌（goole）、脸书（facebook）、淘宝等能够形成大量资金、商品、信息、服务甚至人才的集聚，这类机构越多，进行资源配置的能力越强，因此，全球城市引领和示范作用将增强。城市是人们生活和日常交流的场所，人才、信息等的集聚更能形成惯例、标准，形成示范引领效应。

第二节　浦东新区在全球资源配置中"功能高地"现状分析

一、浦东新区在全球资源配置中的现状与地位 [1]

浦东开发开放 30 多年以来，经济发展迅速，地区生产总值从 1990 年的 60 亿元，到 2019 年突破 1 万亿元，增长近 200 倍，以全国八千分之一的面积创造了全国八十分之一的国内生产总值（GDP）、1/15 的货物进出口总额，浦东新区成为了一座功能集聚、要素齐全、设施先进的现代化新城，成为我国改革开放的重要标志和上海现代化建设的缩影，在全球资源配置中的功能不断提升。

一是金融中心建设稳步推进，对全球资本的配置功能稳步提升。截至 2022 年 6 月末，浦东拥有持牌金融机构 1154 家，占上海总数的 70% 左右，其中，银行类 299 家、证券类 532 家、保险类 323 家 [2]，外资资产管理机构突破 100 家，此外，还有各类融资租赁企业近 1800 家，融资租赁

---

①　王德忠等：《浦东社会主义现代化建设引领区：逻辑演进与战略路径》，格致出版社 2023 年版，第 165—168 页。

②　须双双：《筑起金融发展高地　当好改革创新试验田》，《浦东时报》2022 年 10 月 26 日。

业资产规模达 2 万亿元，占全国三分之一，有证券类机构 495 个，其中证券公司 173 个、基金公司（包括第三方销售）113 个、期货公司 172 个、其他证券类机构 37 个，全年实现金融业增加值 3835 亿元，占全市（金融业增加值）比重为 58.1%，占新区 GDP 的比重 30.1%。围绕自贸试验区开设的自由贸易账户开立个数为 13.10 万个，账户内资金余额 2784.4 亿元，全年自贸试验区跨境人民币经常项下结算额 7149.60 亿元；直接投资项下结算额 9147.16 亿元；区内跨境人民币结算总额 3.81 万亿元，占全市 38.99%。金融科技、融资租赁发展优势进一步巩固，金融市场创新稳步推进，银行间市场利率期权业务逐步推开，铝、锌期权合约上市，低硫燃料油期货挂牌交易，发行全国首单专利知识产权资产证券化产品。离岸转手买卖实现规模化运作，"白名单"试点企业、收支金额分别超过全市 80% 和 90%。大宗商品核心品种的定价影响力不断提升，外高桥专业贸易平台形成 8 个千亿级、8 个百亿级的销售规模。

二是总部经济快速增长，对全球产业的影响力逐渐显现。作为中国总部经济集聚度最高的区域之一，浦东正式启动"全球营运商计划"，目前已拥有 600 多家各类总部企业，其中跨国公司地区总部累计 416 家，在全市占比近一半[1]，其中外资研发中心达到 248 家。全球 500 强有 320 家在浦东投资了 1200 多个项目，其中，在浦东跨国公司地区总部中有五百强公司 129 家，具有亚太区管理职能的达到 131 家，约占总数三分之一。总部企业对浦东的经济贡献率超过三分之一，浦东已形成了跨国公司地区总部、大企业总部、营运总部、区域总部、高成长性总部、国际组织（机构）地区总部等多层次、宽领域的生态圈，正成为上海建设卓越的全球城

① 数据来源：《"又开始拼了"！上海不断深化高水平开放》，人民日报社人民周刊网，2023 年 1 月 1 日。

市的重要经济地标。

三是进出口贸易保持稳定，国际航运中心建设进一步强化全球资源配置能力。2022年1—11月，上海浦东新区（境内目的地／货源地）进出口总额为2918.8亿美元，占全市的60%以上，其中，出口786.45亿美元，进口2132.35亿美元。高端航运服务业快速发展，英国皇家特许船舶经纪协会等国际功能性机构落户浦东，浦东国际机场货邮吞吐量保持全球第三位、口岸出入境人次排名全国第一位，浦东综合交通枢纽专项规划获批。外高桥港和洋山港集装箱吞吐量占全市90%，推动上海港连续13年成为全球第一大集装箱港，推动上海在新华·波罗的海国际航运中心发展指数排名中上升到第三位。此外，浦东对外资的吸引力进一步增强，在全球跨境投资持续低迷背景下，2022年1—11月，新区实到外资完成104.31亿美元，全市占比46.65%[①]，再创历史新高。

四是科技创新中心建设快速推进，对全球创新资源配置能力增强。近年来，浦东新区围绕张江综合性国家科学中心打造，提升创新策源功能，加快国家战略科技力量的布局和配套，建设世界级重大科技基础设施集群，同时，积极深化科技创新体制改革，前瞻性布局科技创新方向，在关键核心技术方面加大研发力度，加快引进和培育创新人才，完善区域科技创新布局，形成协同发展合力。2020年，浦东新区全社会研发投入达到513.13亿元，其中，财政科技创新投入103.94亿元（其中财政科学技术功能支出49.19亿元），有效期内累计高新技术企业已经达到3784家，科技小巨人企业（培育）593家，人才资源总量达到155万人，每万人发明专利拥有数90件，技术交易合同成交金额912亿元，经登记的创新型孵化器170家，

---

① 数据来源：《浦东2023年"出海招商"首团出发，吸引全球投资者加码、深耕》，浦东发布APP。

科技企业加速器 4 家，公共技术服务平台达到 203 家，公民科学素质达标率 26.46%。推动中芯国际 14 nm、C919 大型客机、长电科技总部、华为车联网研发总部等一系列重大科技创新产业等龙头标杆企业落户浦东。

五是数字贸易和数字经济迅速发展，全球数字资源配置能力增强。浦东新区较早进入数字贸易领域，2010 年就成为国内首家"国家电子商务综合创新实践区"，唐镇成为国内首个"国家电子商务创新试点镇"。近年来，浦东通过支持电商跨境服务基地建设，推进线上电商产业链服务平台和电商公共服务平台建设，建设跨境电子商务综合试验区，形成各类数字商务示范基地，为跨境服务机构和从事新型国际贸易、数字商务的企业提供更有效的政策支持，进一步深化改革、扩大开放，集聚一批具有行业影响力的跨国公司总部、电商领军企业、高能级的国际贸易主体、专业化的跨境服务机构，营造良好的数字贸易发展环境，正在努力成为中国国际数字商务和跨境服务的桥头堡。近年来，浦东新区的跨境电商零售进出口交易总额均达到上海全市的 50% 以上。

二、浦东新区目前在全球资源配置中存在的难点和问题

目前，浦东新区虽然在上述重点方向上都有一定的基础和优势，但仍然存在以下几个方面的问题：

（一）陆家嘴区域内的金融市场在全球资源配置中的作用仍然有限[①]

目前，境外金融机构虽然能够从有限的资本开放渠道进入金融市场，但受到的限制仍然较多，与真正意义上的资本项目开放仍有不小的差距，

---

① 王德忠等：《浦东社会主义现代化建设引领区：逻辑演进与战略路径》，格致出版社 2023 年版，第 118 页。

如果全球资本中只有一小部分有资格进入浦东新区，就很难说浦东新区已经具备了对全球资本的配置能力。如浦东新区内的中国金融期货交易所，目前只拥有沪深300、上证50等4种股指期货产品，2年、5年、10年3种期限的利率期货产品，但是尚没有汇率期货产品。与之相对比，美国芝加哥商品交易所（CME）包括股指期货、利率期货、外汇期货、能源期货、金融期货、农产品期货等完整的产品线，而且每类产品的品种齐全，如股指期货包括标准普尔500指数、纳斯达克100指数、富时100指数、日经225指数等全球主要市场指数，利率期货包括从30天到30年各种期限，汇率期货包括欧元、英镑、日元、澳元和离岸人民币等主要外汇的73种期货和31种期权合约。

（二）总部经济和数字平台经济面临进一步升级的压力[①]

目前浦东新区的总部经济虽然在长三角乃至国内都处于领先水平，但仍然面临转型升级的压力，由于在跨境资金调配与外汇收付方面仍然存在一定的约束，在一定程度上会影响跨国公司资金使用的便利性，对跨国公司总部扎根浦东新区的信心造成一定程度的影响。数字平台经济则面临核心技术受制于人、移动通信基础技术较弱和人才等一系列问题，由于我国在移动通信的基础技术方面的竞争力较弱，运营商的技术实力相对不足，人才缺口较大等。

（三）技术创新和高端人才与先进地区仍然存在差距

体现在基础研发能力方面与先进地区如北京仍然存在较大差距。特别是在高水准的科研机构、基础研发投入和高端基础研发人才方面，与北京相比仍然存在差距，高新技术企业整体规模不大。在高端人才集聚方面，

[①]　王德忠等：《浦东社会主义现代化建设引领区：逻辑演进与战略路径》，格致出版社2023年版，第118页。

仍然存在引进政策门槛过高，缺乏足够的灵活性，人才招聘、考核及退出机制尚不完善等系列问题。目前，海外人才税费负担和生活成本较高，基本医疗保险体系缺乏跨国衔接的设计，外籍人士子女在沪教育费用较高；面向海外人才的公共服务不足，外籍人士在沪居留手续办理程序烦琐；外籍人士组织社团、从事宗教活动的要求得不到充分满足等问题依然存在。①

（四）以全球智慧大都市建设和营商环境优化打造全球资源配置大平台

浦东新区城市的发展存在一些短板，主要体现在服务业发展水平、行业准入限制、经济腹地的支撑等方面。目前，浦东新区的硬件设施，包括交通、居住等条件较好，但金融、咨询、信息、文化等服务业在效率上还存在一些差距。服务业的进入壁垒比较高，无论是行业限制还是审批环节，都不利于服务业充分竞争和发展。相较于东京，浦东新区和周边地区的产业整合度还不够充分，产业同构现象比较严重。由于税收制度、户籍、金融体系等因素，中国在省际层面存在资本和劳动力流动的障碍，也阻碍了产能地区优化配置，不利于地区间功能性分工的形成，对浦东新区服务业集聚也带来了一定的限制。②

第三节　未来浦东新区强化全球资源配置功能的重点方向

从上述分析出发，我们认为，上海强化全球资源配置功能的重点领域

---

①② 王德忠等：《浦东社会主义现代化建设引领区：逻辑演进与战略路径》，格致出版社2023年版，第119页。

在以下几个方向。

一、聚焦自贸试验区新片区，强化上海全球资本资源配置功能

在全球资源配置功能中，作为全面体现各类资源价格的资本仍然是一条链接全球资源的重要纽带，因此，金融仍然是全球资源配置中的重要一环，是全球资源配置功能的核心功能之一，在聚集国际资源、推动要素流动、释放国际影响力等方面发挥着重要作用。

一是围绕人民币国际化，以人民币外汇期货和跨境金融服务等新业务创新为抓手，在新片区积极打造全球的人民币资产配置、人民币资产定价、人民币风险管理和人民币服务中心，抓紧推动在金融期货交易所推出人民币相关的外汇期货，积极推动在自贸试验区开展人民币在岸和跨境业务，积极向中央申请开展人民币可自由兑换和资本项目可兑换方面进一步先行先试，大力吸引外资银行，争取做到人民币国际化重点发展的国家和地区均有主要银行在浦东设立分支机构。同时，不断完善与服务人民币资金流转相配套金融科技服务、金融信息服务、金融法律服务等。

二是围绕科创板建设和注册制改革，支持区内金融市场积极探索面向全球科技创新企业的科创板国际版。可配合上海金融主管部门向中央申请，在科创板试点允许境外的优质科创型企业申请上市。在科创板上市的境外企业，应该遵守与境内企业相同的规则，符合相同的行业标准、发行条件、上市条件。在试点初期，可以规定境外企业在科创板上市募集的资金只能用于在境内设立子公司、分公司或研发机构等，不得向境外转移。随着试点的扩大和经验的积累，可以逐步放松此限制，允许将一部分境内募集资金转移到境外使用。

三是进一步扩大资本市场的对外开放，探索建立和完善境外人民币资

金专用账户。允许境外资金在符合反洗钱、反恐融资和反避税的监管要求的前提下，自由地从境外进入上海股票市场科创板进行投资。

四是大力支持金融科技发展，实现国际金融中心建设"弯道超车"，聚焦人工智能、大数据、区块链、机器学习、智能合约、数据标签、人脸识别、知识图谱等底层基础技术研发，从监管科技、金融要素市场、支付清算、智能投顾和智慧金融服务等五大领域，加强多维度合作，形成共同推进金融科技发展合力。

二、服务长三角区域一体化发展，增强浦东服务内循环能力

全球资源配置功能的核心在于对全球战略性资源、战略性产业和战略性通道具有控制力与影响力。一方面，上海需要强化自身在全球产业链布局中的核心功能，进一步完善自身的现代产业体系，这是上海全球资源配置功能的基础。为此，上海现代产业体系不仅要实现实体经济、科技创新、现代金融、人力资源的协同发展，而且要求结构优化，即以现代服务业为主体、战略性新兴产业为引领、先进制造业为支撑。在发挥全球配置资源功能时，充分发挥自身比较优势，防止产业结构形态虚高，防止资源、资金、资产脱实转虚。另一方面，基于全球产业链安全和区域性调整的趋势，上海需要加强区域范围内特别是长三角区域（1200公里半径）范围内的产业链互补合作与互动，在增强对资源要素流量的管控和增值能力，推动上海在全球产业链、价值链、创新链、人才链、服务链中，占据更多的高端环节，成为全球资金、信息、人才、科技等要素流动的重要枢纽。

一是强化产业链带动引领，形成区域内全产业链，共同打造长三角区域产业链集聚中心。充分发挥好上海综合、创新和高端的优势，借助江苏制造业密集、浙江民营经济发达、安徽劳动力充裕的长三角各地的区位优

势，以上海的金融、贸易和研发，带动其他地区相关产业发展。以上海国际金融中心建设带动江苏产业金融和浙江金融科技创新和发展；以上海国际航运中心建设和自贸试验区新片区改革带动江苏和浙江两个自贸试验区共同突破，并形成南通至连云港、宁波—舟山两大航运中心区域的新发展；以上海汽车和电子等强产业链带动效应的产业发展，带动江浙相关配套产业发展；以生物医药的研发带动长三角生物医药产业发展。

二是合理布局总部经济，打造长三角总部经济集聚区。按照特色、特长的方式，强化总部经济集聚区的功能。对各个核心产业进行整体的规划，避免各地的同质化现象。例如，在商务成本较高的上海等地，宜大力吸引高端服务经济，如会计、法律、金融、咨询等行业的总部进入，上海的总部经济带中超过一半的总部企业属于现代服务业范畴。而在市郊和其他地区，政府应主动引导其向先进制造业的生产研发中心发展，这样既可以充分利用空间，也实现了资源的最优配置。同时，注重总部经济的功能配套，加强对企业总部的吸引力，不仅要突出商务功能，也要注重其他功能的配套，包括娱乐休闲、高档消费、文化事业等多种功能。使得各个总部经济集聚区既能成为先进高端产业和研发中心的集聚地，也能成为众多国内外人才宜居宜业的地方，加大对国内外人才的吸引力，进一步提升上海对各类总部企业的吸引力。

三、聚焦强产业链整合能力产业、国家核心战略性产业和赋能提升型产业和总部经济、数字平台经济

从上海未来在全球产业链提升中的视角出发，需要重点发展具有全球资源配置能力的产业。一是强产业链整合能力的核心高端制造产业。一些涉及产业链长、产业面广的产业如汽车、国产大飞机、航空航天、集成电

路等系统整合能力强的产业部门。二是国家核心战略性产业。如芯片产业和中国半导体产业是中国突破全球竞争困境的焦点，且上海是中国众多芯片龙头公司集聚的地区，需要上海加大对这些企业如中芯、华虹宏力、展讯、锐迪科、澜起、芯原等的支持力度。此外，其他一些涉及国家重大战略的制造业也是上海需要大力支持的产业部门。三是赋能提升型产业特别是工业互联网产业的发展。通过推动传统产业数字化和信息化转型，完成科技的赋能。借助"工赋引擎"为产业增能、通过"工赋载体"为企业提质、利用"工赋服务"在业界创优，最后营造良好的"工赋生态"。四是继续聚集各类跨国公司总部。重点在三类总部，即跨国公司营运总部、跨国公司全球总部或地区性总部和跨国公司研发总部。五是大力发展平台经济。这些平台是基于新一代信息网络如云计算、物联网、大数据为支撑的新业态、新模式，其共同特征就是平台功能，为众多的中小企业和消费者提供大平台服务，从而在服务长三角、服务长江流域、服务全国中培育出更大规模和更强影响力的信息服务业。

四、以技术创新和集聚高端人才实现"弯道超车"

一是围绕科创中心建设积极探索激发全球人才活力、加大人才引进和培养等方面体制机制的改革。科创中心的关键是要发挥企业的主体地位，人才尤其是企业人才应该由市场来评价，要在全球视野下借鉴国际经验，合理定义人才、人才考核标准、人才评价体系等，发挥市场在人才培养、流动、发展中的主导作用。聚焦重点人才，精准施策，形成有针对性扶助的人工智能科技和重点产业方向上的人才支持政策，围绕境内、境外高端人才、稀缺人才、关键人才等分别制定办法，建立优质人才库。同时，营造产业生态，大胆松绑，以人才建设促进形成良好的产业发展、配套的生态体系。

二是围绕创新链、产业链、人才链，加快新技术的"场景应用"和产业化步伐。围绕新技术的研发和应用，既要聚焦系统集成技术的研发，也要加强核心零部件技术研发和生产制造，更要加强数字道德隐私的治理，使基础研究、技术创新、产品制造与场景应用更加紧密结合。

三是吸引全球人才集聚。打通全球人才创业就业与生活工作间的制约，打通政府与企业在人才培养、引进、使用和发展中的制约，打通浦东与周边甚至全球人才间的空间刚性制约，提升全球人才的集聚效应，积极探索建立户口不迁、关系不转、身份不变、双向选择、能进能出的人才柔性流动机制。建立一批离岸创业基地，构建低成本、便利化、全要素、开放式，配套成熟完善的空间载体。

五、搭建四大平台，提升全球技术创新和数字资源整合与定价能力，加快全球有影响力的科创中心建设

一是积极打造国内科技创新资源交易市场平台。建议以上海技术交易中心为基础，整合上海各类技术交易平台，积极打造源于上海、立足长三角、服务全国乃至全球的科技创新交易市场平台，从而通过市场建设提升上海对技术创新要素的配置能力。

二是积极打造全球科技创新资源交易市场平台。在上海联交所国际技术交易平台的基础上，加大技术"走出去"和"引进来"的市场化平台建设力度，通过打造基于长三角地区和"一带一路"沿线国家企业技术进出的技术服务和市场交易平台，在不断完善交易规则的基础上，逐渐做大做强，形成上海在全球技术资源配置方面的强大竞争力。

三是打造全国乃至全球的大数据信息产品服务平台。以上海数据交易

中心为基础，增强其在市场化和标准化产品交易方面的能力，促进商业数据流通、跨区域的机构合作和数据互联、政府数据与商业数据融合应用等工作职能，并加强与长三角地区在数据方面的合作，打造长三角区域数据交易中心，逐渐形成在全国乃至全球范围内的数据信息资源配置能力。

四是积极打造全球数字贸易平台。目前，全球数字贸易平台几乎渗透到所有行业，已经从原来简单的服务业务逐步拓展到从农业、到制造业和服务业等几乎所有行业。在许多服务产业，全球数字贸易平台完全替代了手工为主的商业模式，有些服务业，通过全球数字贸易平台实现服务的智能化和自动化。同样，在制造领域，传统的文化货物产品几乎被全球数字贸易平台下的数字内容完全替代，特别是制造业的智能化、自动化将改变产品价值链的路径和实现方式，且全球数字贸易平台从单纯的交易平台转向交易和开发平台相结合的研发到销售平台。全球数字贸易平台已经影响了参与全球化经营的城市网络，从规模、范围到速度的变化，全球数字贸易平台所在城市是全球城市网络的主导者，数据流决定了服务贸易数字化带来的服务贸易流，也部分决定了货物的流向和流量，并且使更多的中小企业参与全球分工体系之中。目前，我国还没有形成全球性数字贸易平台，北京、深圳和杭州都非常重视数字贸易平台的建设和发展，为此，上海要从国家开放战略出发，充分利用上海现有的资源优势，积极寻找率先构建全球数字贸易平台的突破口，把全球数字贸易平台建设作为上海建设全球卓越城市和五个中心建设的重要抓手。可以考虑率先建立以数字服务跨境交付类型的电子商务监管平台，在原来为货物的订购服务监管平台的基础上，与国家外汇管理局合作增加数字跨境服务作为监管服务的内容。在自贸试验区进一步扩大电信增值服务开放，允许外资设立独资科技数据平台，但要求数据留存在本地。同时，进一步提升政府数据开放的质量，率先制定关于数据交易等内容的地方性法规，促进企业间数据共享。

六、以全球智慧大都市建设和营商环境优化打造全球资源配置大平台

一是围绕"新基建"，打造全球智慧城市，为产业转型升级夯实基础条件，加强"基带芯片"等关键设备的技术突破，打造高品质 5G 通信网；持续推动基础电信企业加大投资，稳步推进 5G 网络建设；同时，促进设备制造商、电信运营商、测试设备制造、终端产品、网络管理等各方协同发展，为未来产业化做储备。从而为 5G 技术的快速发展和广泛运用奠定基础。同时，强化各方协作，联合产学研用等各方力量和产业链各方资源，进行协同创新和标准体系建设，不断完善全球创新网络。加强政策引导，通过标准化平台引导 5G 产业链、资金链、人才链和创新链的深度融合，不断激发 5G 发展的内生动力和发展潜力。同时，鼓励 5G 新应用模式的探索与创新，坚持 5G 技术与垂直行业的融合创新，发挥好 5G 技术的赋能作用，培育 5G 应用的系统集成商，做好行业与 5G 之间的中间"翻译器"，推动 5G 的广泛运用。吸引研发机构和研发人才的聚集，打造 5G 全球研发中心。形成适合 5G 技术相关领域研发的营商环境。吸引更多的全球数字科技平台落户上海。

二是优化营商环境，为提升全球资源配置提供高效的制度保障。全球资源配置能力体现为浦东在全球范围内吸纳、凝聚、配置和激活城市经济社会发展所需的战略资源的能力。增强浦东的全球资源配置功能，需要以高水平制度供给破除制约因素和瓶颈难题，促进全球高端资源要素在这里高效流动、高效配置、高效增值，在制度供给体系和治理体系集中于全球金融网络、贸易投资网络、航运资源配置、技术创新网络的构建与保障。

一方面，要进一步降低准入门槛，利用自贸试验区改革开放的契机，进一步加快负面清单与国际接轨的程度，进一步扩大服务业包括医疗、文化、教育、金融等领域的对外开放。另一方面，要进一步改进政府服务流程再造和方式再造，加快"一网通办"和"一网通管"建设，简化政府办事流程和完善权责清单，提升政府服务的透明度和可预期性，加强政务平台建设。同时，进一步提升贸易便利化水平，加大对企业权益、知识产权等方面的保护和执法力度，提升公共服务水平和能级。

第五章　浦东国际消费中心建设的瓶颈与政策建议

党的二十大报告明确提出，"加快构建新发展格局，着力推动高质量发展"，强调扩大内需在这一战略目标中的地位，要"把实施扩大内需战略同深化供给侧结构性改革有机结合起来，增强国内大循环内生动力和可靠性，提升国际循环质量和水平，加快建设现代化经济体系"。根据这一部署，作为内需重要内容的国内投资、生产和消费领域的工作重心就是要通过高质量供给满足我国人民对高品质生活的需求。作为国内大循环的中心节点和国内国际双循环的战略链接，上海既要为中心节点赋能，使得包括生产、分配、流通、消费在内的国民经济循环更加顺畅，也要通过要素、产能、市场和规则的链接，促进双循环的能量交换。在这样的战略定位当中，浦东无疑将发挥极为关键的核心作用。

在 2021 年 7 月 22 日公布的《中共中央国务院关于支持浦东新区高水平改革开放打造社会主义现代化建设引领区的意见》中，浦东将扩大国内需求的典范引领作为五大战略定位之一，对标最高标准和最好水平，加快提升引领力。这一战略定位的具体内容包括：着力创造高品质产品和服务供给，不断提升专业化、品牌化、国际化水平，培育消费新模式新业态，引领带动国内消费升级需求，打造面向全球市场的新品首发地、引领消费潮流的风向标,建设国际消费中心。同年 9 月 18 日,《上海建设国际消费中心城市实施方案》发布,浦东国际消费中心的建设主要聚焦七方面、28 项具体任务,包括打造全球消费品集散中心、打响本土制造消费品品牌、打造国际美食之都、扩大文旅休闲消费等。

事实上,早在 2020 年 11 月第三届进博会之际,习近平总书记指出为适应新形势新要求,需要大力构建以国内大循环为主体、国内国际双循环相互促进的新发展格局。在这一格局中,上海的目标定位是打造成为国内大循环的中心节点和国内国际双循环的战略链接,其中的中心节点主要是赋能,助力我国的生产、分配、流通、消费、国民经济循环更加顺畅;而战略链接最主要是能量交换,做到要素链接、产能链接、市场链接和规则链接等"四个链接",进一步巩固对内对外开放的枢纽地位,成为走出去的最好跳板、引进来的前沿阵地。作为服务双循环战略的关键举措之一,上海率先开展国际消费中心城市培育建设,成为 2021 年 7 月经国务院批准的率先开展国际消费中心城市培育建设的五个城市中的一员。

第一节　打造社会主义现代化建设引领区消费中心的发展基础

改革开放以来,上海商业再次驶入发展快车道,经过 40 多年的发展,上海已成为名副其实的"万商云集、近悦远来"的国际消费城市,已形成国内城市中规模最大、吸引力最强、能级最高的消费市场。上海国际知名高端品牌集聚度超过 90%,全市 3 万平方米以上城市商业综合体超过 300 个,全市拥有各类连锁商业网点 2.3 万家。2020 年,上海全市社会消费品零售总额达 1.59 万亿元，稳居全国城市首位，网络购物交易额 1.17 万亿元，位居全国前列。

此外，上海消费市场的创新能力也在不断增强。目前，上海主要电商直播平台的用户数量全国第一，夜间消费总金额、夜间餐饮多样化值等"夜经济"指标位居全国之首，每年开设的首店、旗舰店数量也稳居全国第一，各类首发平台、时尚发布地标、市级核心商圈，成为新模式新业态新产品的试验田和竞技场。

根据世界知名房地产咨询机构仲量联行的研究，在 2020 年国际消费中心城市全国 TOP10 榜单中，上海位列榜首位置。近年来，上海在国际知名度、到达便利度、商业活跃度、城市繁荣度和政策引领度方面，取得了显著的成效。根据世邦魏理仕发布的公告，上海全球零售商聚集度接近 55%，在全球排名第三，商业成为上海这座城市的支柱。作为上海经济发展的排头兵，浦东新区也在商业活跃度、政策引领度等方面发展迅速，为打造社会主义现代化建设引领区消费中心奠定了坚实的发展基础。[①]

一、消费能力和零售商水平首屈一指

2021 年 1—8 月，浦东新区实现商品销售额 3.6 万亿元，同比增长 25.5%；实现社会消费品零售总额为 2469 亿元，同比增长 28.1%。其中，汽车和服饰类商品消费增幅超过 40%，线上消费增幅超过 50%，新引进首店超过 100 家。历经 30 多年开发开放，浦东商业从零星分布到商业体量超过 1100 万平方米，实现了令人瞩目的发展。消费贡献持续提升，从 1995 年社会消费品零售总额的 100 亿元到 2019 年超过 3000 亿元。消费对经济

---

① 王德忠等：《浦东社会主义现代化建设引领区：逻辑演进与战略路径》，格致出版社 2023 年版，第 168—169 页。

增长贡献显著，商业增加值占 GDP 的 13.5%。品牌时尚持续引领，据第三方机构数据，世界百强零售商已有 30 家进入浦东，国际知名高端品牌集聚度超过 90%，跨国公司地区总部中消费类企业占比超过六分之一。首秀首发首店集聚，近 3 年来共引进首店 300 多家。业态模式持续创新，网络零售增长迅速，2019 年，网络零售额同比增长 77%。夜间经济率先发展，在全市率先发布夜间经济示范点运营规范。跨境电商蓬勃发展。

二、商标注册与申请情况在上海市居于领先地位

上海向来十分重视商业发展和品牌建设，全力打响"四大品牌"是上海更好落实和服务国家战略、加快建设现代化经济体系、推动高质量发展、创造高品质生活的重要举措，也是上海当好新时代全国改革开放排头兵、创新发展先行者的重要行动。就品牌经济发展的主要指标而言，截至 2020 年，上海共拥有有效商标注册量 173.74 万件，同比增长 17.98%；作品版权登记数 31.89 万件，同比增长 9.30%。其中，浦东新区在该指标层面在全市名列前茅。

表 5-1　上海市辖区 2021 年上半年商标注册与申请情况（单位：件）

上海市辖区	有效注册量	2021 年上半年商标申请量	2021 年上半年商标注册量
杨浦区	75572	10503	7858
徐汇区	67548	8663	6860
松江区	132298	20277	14022
青浦区	99024	12919	9789
浦东新区	292094	23067	20137
普陀区	68796	9452	7682
闵行区	149176	24735	15098
静安区	57382	8432	5121

续表

上海市辖区	有效注册量	2021 年上半年商标申请量	2021 年上半年商标注册量
金山区	158899	22014	16838
嘉定区	189991	26955	19778
黄浦区	41449	4479	3447
虹口区	43879	5394	3754
奉贤区	194304	35441	24721
崇明区	81510	16588	11329
长宁区	54946	8565	5596
宝山区	102253	16163	11383

数据来源与说明：上海市场与监督管理局网站。

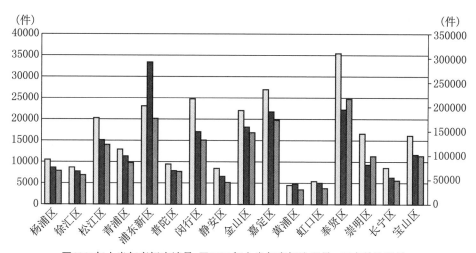

图 5-1　上海市辖区 2021 年上半年商标注册与申请情况

数据来源与说明：上海市场与监督管理局网站。

从表 5-1 和图 5-1 中可以看出，2021 年上半年，浦东新区的商标申请量、商标注册量和有效注册量均居于上海市领先地位。其中，有效注册量数量高达 292094 件，在上海市辖区中遥遥领先，实现了令人瞩目的发展，为当前的国际消费中心建设奠定了良好的基础。

三、全球首店和品牌集聚度水平高 ①

浦东新区始终重视"首店"和"首发"新高地的建设，力争将浦东打造成为全球新品首发地示范区，举办更多有影响力的品牌首发活动。汇集更多旗舰店、首店、体验店，引进一批国际著名的商业企业、商品和服务品牌，培育具有"中国元素""上海特色"的定制品牌。

一是"首店"新高地建设颇具成效。截至 2021 年 10 月，浦东已经引进 300 多家首店。据第三方机构统计，上半年共有 80 家首店落地浦东，数量位列全市各区第二。此外，从商圈来看，陆家嘴商圈共吸引 35 家首店，热门程度位列第三。位于小陆家嘴商圈的正大广场、上海国金中心商场等浦东商业地标进入首店最偏爱的商场 TOP20。前者 2021 年预计引入 134 个新品牌，后者自开业以来已经集聚品牌 200 多个，其中近三分之一的品牌在引进时为首店。

二是"首发"新高地建设成绩十分抢眼。浦东近年来在首发经济方面发力，一批首店集中亮相。2021 年，浦东重点商圈有一大批品牌首店集中亮相，包括全球首店 4 家，亚洲首店 2 家，中国首店 43 家。其中：有首次进入中国的国际品牌首店，如御银座（THE GINZA），路铂廷美妆（Christian Louboutin），马吉拉香氛（Maison Margiela）中国首店集中亮相上海国金中心商场。有已进入中国的国际品牌的全新概念店，如 LV 以四瓣花朵图腾（Monogram）为灵感来源的最新设计临时专卖店，杰尼亚（Ermenegildo Zegna）的首个"杰尼亚绿洲花园"，星巴克的首个"向绿工坊"、亚瑟士（Asics）的首个跑者体验＋零售于一体的跑步行动社 Asics

---

① 王德忠等：《浦东社会主义现代化建设引领区：逻辑演进与战略路径》，格致出版社 2023 年版，第 171—172 页。

Running Station 集中落地前滩太古里。有本土品牌国际化的融合首店，大疆与记录人类首次登月的瑞典相机品牌哈苏合作打造的全球首个融合店"DJI｜哈苏概念店"等等。

三是一批消费新地标亮相浦东。世界 500 强之首的沃尔玛旗下的山姆会员店，在外高桥开出中国首家旗舰店，也是全球最大的山姆会员商店。金桥啦啦宝都，是日本三井不动产在海外的首个"Lalaport"商业项目。佛罗伦萨小镇二期由意大利著名商业地产集团 RDM 打造，其全新的家庭娱乐中心将升级奥特莱斯的消费新体验。2021 年 9 月以来，浦东陆续推出了一批由国际国内知名商业地产商、零售商运营的消费新地标项目，包括佛罗伦萨小镇二期、啦啦宝都、山姆会员旗舰店、盒马 X 会员店（高青店）、前滩太古里，新增商业面积超过 30 万平方米。

其中，于 2021 年 9 月 30 日开业的前滩太古里是太古地产在中国内地运营的第三个太古里项目，集聚了一批品牌旗舰店，首批开业的各类首店超过 50 家。盒马作为本土零售创新标杆企业，在浦东的第二家 X 会员店将于年内落户三林地区。这些掌握国际国内品牌及供应链资源的"好项目"的落地，将成为浦东建设国际消费中心的重要载体。

四、以国内国际双循环的战略链接为定位，推动浦东在国际消费中心建设中的开放高地与窗口作用取得明显成效 [1]

作为国内国际双循环的战略链接，浦东新区在国际消费中心建设中尤其注重发挥开放高地与窗口作用，深入推进制度创新和功能拓展。外高桥集团股份探索延伸自贸试验区产业链要素，统筹原有钟表珠宝、酒类、化

---

[1]　王德忠等：《浦东社会主义现代化建设引领区：逻辑演进与战略路径》，格致出版社 2023 年版，第 172—173 页。

妆品、国别商品等专业展示交易平台，提升服务能级，打造专业贸易服务平台集成馆，建成全球消费品保税展示交易中心。浦东将依托外高桥国家级进口贸易创新示范区，做强一批进口消费品集散平台，形成集消费品进口、分拨配送、保税展示、零售推广等于一体的服务链。外高桥国家级进口贸易创新示范区的营商环境优化改革也取得了明显成效。

其中，对内引流全球商品和服务——"离世界最近"的浦东外高桥大有可为。目前，外高桥港综合保税区已建成 50000 平方米的汽车保税存储仓库，下一步，将积极引进更多知名进口汽车品牌和首发产品在区内开展保税存储展示业务，实现批量化、规模化运作，预计年进口汽车将达 3000 辆，总价值 1.8 亿美元。

再以进口汽车保税存储功能为例。2021 年 9 月 1 日，随着首批两辆玛莎拉蒂从全国最大的汽车滚装码头——海通码头，运送至 10 公里之外的外高桥港综合保税区，进口车保税存储、展示业务功能在浦东引领区率先落地。以上营商环境优化措施将大大减轻企业提前缴纳进口环节税收的资金压力，缩短进口汽车从国外工厂到国内市场的时间，助力浦东成为扩大国内需求的典范引领。

首单玛莎拉蒂报税存储业务的开展，是继外高桥港综合保税区揭牌，浦东成为全国唯一实现铜品种四个市场完全流通地后的又一次创新。自此，进口汽车在引领区可以不用再落地征税，而是可以"保税存储"和"即销即税"。因此，以上的最新改革措施使得企业可以等到车辆在国内市场找到客户后再去缴纳税费，有效地减少了运营和资金成本。同时，进口汽车保税存储功能也有效缩短了进口汽车从国外工厂到国内市场的时间，给消费者带来更好的消费体验，为国外高端产品与国内客户需求零距离对接提供快速通道。不仅能够引领带动国内汽车消费升级的需求，也有利于区港联动、自贸试验区和综合保税区政策叠加、供应链产业链集聚等优势的充分发挥。

未来，保税区域将着力建设具有全球影响力的高端进口汽车展销集散中心，努力成为进口汽车的"中转站"和"桥头堡"，助力浦东建设国际消费中心，打造面向全球市场的新品首发地、引领消费潮流的风向标，助力上海建设国际消费中心城市。

五、以数字化转型为基础，在新零售与跨境电商跨界融合方面成绩突出 [①]

上海多年来一直致力于消费创新转型发展，以消费者为中心，瞄准新消费群体的数字化、个性化、定制化、场景化新需求，零售新模式、新业态、新技术不断涌现。猩便利、苏宁 BIU 店、简 24、欧尚盒子等无人店业态层出不穷。盒马鲜生、百联 RISO、超级物种、宝燕商城等跨界零售新物种竞相登场。食行生鲜、厨易时代、强丰、易果生鲜、万有集市等"互联网＋社区服务"新模式百花齐发。近年来，尤其是新冠疫情暴发后，上海为支持新型电商平台发展制定了相关的支持政策，同时通过"五五购物节"等方式大力助力新型电商平台影响力提升与品牌打造。我们将 2020年上海市出台支持新型电商平台发展的政策总结在表 5-2 中。

表 5-2　2020 年上海市支持新型电商平台发展的相关政策

出台时间	政策名称	主要内容
2020 年 4 月	《上海市促进在线新经济发展行动方案（2020—2022 年）》	提出上海市未来要加快推动在线新经济大发展，全力打响新生代互联网经济品牌，全力支持新生代互联网企业发展壮大。围绕生鲜、餐饮、农产品、日用品等领域，将持续推动传统零售和渠道电商整合资源，线上建设网上超市、智慧微菜场，线下发展无人超市和智能售货机、无人回收站等智慧零售终端。积极鼓励开展直播电商、社交电商、社群电商、"小程序"电商等智能营销新业态

[①]　王德忠等：《浦东社会主义现代化建设引领区：逻辑演进与战略路径》，格致出版社2023 年版，第 173—175 页。

出台时间	政策名称	主要内容
2020 年 12 月	《市商务委关于促进本市直播电商创新发展若干措施的通知》	明确提出上海要打造具有全国影响力的直播电商平台，未来将形成一批在全国具有行业引领作用的直播电商平台，推动国内外头部平台在沪设立功能性总部，培育一批生活服务、工业品、农产品等专业直播电商平台。支持本市电子商务园区、电子商务基地、文创园区、产业园区等，结合特色产业发展，加强内容制造、视频技术、直播场景等直播基础设施建设，吸引和集聚优质直播平台、MCN 机构、专业服务机构入驻，形成集群效应

资料来源：上海市商务委网站。

浦东新区在新型电商平台自身发展模式创新与品牌建设的双向促进层面做出有效的探索。以坐落于浦东滨江大道的盒马鲜生为例，作为近 5 年内异军突起的生鲜电商平台，盒马鲜生创立以来实现了企业规模扩张迅速，业态模式不断创新，从供需两端持续发力，通过赋能老字号品牌、联名其他品牌、发展自有品牌等品牌发展战略，不断提高企业知名度，同时积极主动承担企业社会责任，维护企业声誉形象，为上海市新型电商平台发展促进品牌经济发展发挥了很好的示范作用。

盒马之所以能够在生态完整、竞争激烈的快消领域脱颖而出，主要得益于其积极顺应智能化发展趋势，持续优化数字运营网络，供需相互促进融合发展。在销售端，盒马通过全链路数字化运营，实现了线上线下统一销售与支付功能，实现了对消费者需求的识别、洞察、触达与服务，近年来盒马线上线下订单率不断攀升，其中线上占比超过 70%；在供给端，盒马通过零售科技将采购、生产、运输、运营等全链路数字化贯通，并将全球优质供应链体系与国内市场对接。在国内已建立了 46 个常温和冷链仓、16 个加工中心、4 个活鲜暂养仓，并与全国 500 家农产品基地合作建成超过 120 个盒马村，通过技术和数据指导农业生产、运输、加工、销售等整个流程，实现从消费者到田间地头的订单农业。

以数字化为基础，盒马将经营模式上的创新逐步引导到品牌建设。这不仅体现在其自身品牌价值的大幅提升，同时还通过优势互补、强强联合的商业合作，将其延伸到了其他企业与行业，产生了明显的品牌联动效应和良好的社会影响。让消费者高效便捷享受到买遍全球的购物体验，为浦东打造国际消费中心提供了新的实践样本。

第二节　对标引领区要求国际消费中心建设存在的不足和瓶颈

一、消费体量和国际化程度仍有待提高

有研究表明，上海国际零售商集聚度达 54.4%，列全球第 3 位，国际高端品牌集聚度已超过 90%，中华老字号和上海老字号达 220 个，数量全国第 1 位。国内外各零售企业选择在沪开设首店的比例占全国三分之一。但对标东京等国际消费中心城市，上海的消费品品牌丰富度欠缺，如东京有 10 万多种的消费品牌，而上海的消费品牌只有 2 万多种，"千店一面"让消费者出现审美疲劳。特别是上海市场上缺乏在国际上叫得响的本土品牌或上海品牌，与国际顶尖消费中心城市之间的消费量存在显著差距。

根据麦肯锡的一项研究报告显示，2015 年在消费总量最大的 20 个大都市中，有 11 个在美国，3 个在日本。2015 年，东京的消费量约为 1.3 万亿美元，其次是纽约（1 万亿美元），伦敦（6700 亿美元），洛杉矶（6250

亿美元）和大阪（5690 亿美元），当年上海的最终消费额为 14757.52 亿元（约 2108 亿美元），即便拿 2020 年的最终消费 15932.5 亿元来算，也只有约 2493.27 亿美元，与顶尖消费城市的消费量存在很大差距。对比 2015—2030 年的消费增长情况来看，预计消费增长幅度最大的 5 个大都市分别是伦敦（3670 亿美元）、东京（3540 亿美元）、纽约（3510 亿美元）、北京（3000 亿美元）和上海（2770 亿美元），上海位于顶级城市的最后一位。可见，扩大商品与服务的丰富度、品牌化，努力扩大消费总量，是上海建设国际消费中心城市面临的首要任务。

吸引更多国际游客前来消费，提升城市消费的国际化程度，是国际消费中心城市的基本特征和要求。根据万事达卡的"全球目的地城市指数"2018 年研究成果表明，上海位列全球前十大 2000 万人次国际过夜游客目的地城市，伦敦和巴黎以强大的基础设施、商务和休闲胜地以及浓厚的当地文化，也各自吸引近 2000 万人次的国际过夜游客。其中，2018 年国际游客在巴黎大区购物消费高达 20 亿欧元。根据过夜游客的消费情况，迪拜是排名最高的目的地城市，平均每天的游客消费高达 537 美元。

二、自有消费品牌尚缺乏应有的影响力

2018 年，上海各类免税店销售额 130 亿元，其中市内免税销售额 6 亿元，占比 4.6%，但与韩国差距仍很大（2018 年韩国免税销售额达到 1183 亿元，其中，口岸免税销售额 220 亿元，市内免税店销售额 963 亿元，占比 81%）。"千店一面"让消费者出现审美疲劳，普遍缺乏国际国内影响力，缺乏对国际游客的吸引力，导致上海的消费国际化水平不高。

尽管上海品牌经济发展总体向好，但是仍然存在部分亟待解决的问题，这主要表现在现有品牌不足以满足不断更新的消费需求、自有品牌的

竞争能力相对有限、渠道建设仍需加强等方面。

一是现有品牌经济的发展水平不能满足国际消费中心城市的需求。对标现有国际消费中心城市的品牌建设情况和我国国际消费中心城市的建设目标，不难发现，上海仍存在一定差距，尚不足与世界著名购物天堂相媲美。上海在高端品牌的集聚程度和规模等方面还存在不足，难以全面满足全球旅游者和消费者消费需求。

二是自有品牌竞争能力不足。上海自有品牌和国际高端品牌相比，在产品品质和竞争力上仍有差距。具有中国元素和上海特色的城市定制商品和高端定制品牌仍然较少；上海本土品牌的同质化竞争激烈，品牌发展生命周期较短，品牌推广平台建设仍然有所欠缺；老字号创新产品和销售模式较为有限，体制机制仍然相对落后。

三是产品和服务品类与质量不能适应新形势下消费需求转变。随着经济整体发展，人们的需求不断更新，对产品品质等要求不断提升。另外，新冠疫情的发生对消费产生冲击，尤其是零售、餐饮、住宿等行业，短时间内国内传统消费需求有所下降。同时，新冠疫情让人们的生产关系、生活方式发生变化，新的消费需求不断出现，例如生鲜电商、远程办公、线上金融、线上娱乐、线上医疗等在线新经济需求不断提升。

四是传统商品销售渠道亟待更新。传统零售行业具有渠道较长、成本较高、效率较低等特点，涉及较多层级的代理商、分销商等，企业难以直接和消费者、供应商之间建立联系。尽管在数字化转型升级过程中，销售渠道不断更新，但是仍存在一定问题。例如在销售端，电商平台在流量和数据方面对实体商业的支持力度仍相对有限；在物流端，智慧商贸物流体系建设仍处于初级阶段，物流标准化体系仍不明晰，区域物流枢纽、转运分拨中心、社区物流配送网点（前置仓）、末端配送设施四级城市商贸物流体系仍需要不断完善。

三、商品进口贸易便利程度和市场监管仍存在不足

进口商品口岸检测时间长、流程较多，通关成本较高。部分产品的现行检验检查方法过于严苛，与国际市场惯例和通行标准不接轨，导致部分国际时尚商品不能及时上市；保税商品担保对企业现金流、管理流程压力过大，报关操作流程复杂，影响全球巡展类产品进入市场，进口商品易进难出，"保税展示"只展不销。

从目前市场监管的体制来看，进口商品流通仍以属地化监管为主，但随着各地之间的市场主体联系和商贸流通日益密切，由此带来的监管信息不对称、沟通不及时，多头执法、重复执法和执法结果不互认，会对监管效率产生一定的不利影响。特别是随着新经济、新业态、新模式的兴起，对监管体制和监管方式都提出了新的要求，比如针对平台经济的监管，平台注册地和实际经营发生地不同，更需要异地监管的协同。在目前的投诉与纠纷处理机制下，对平台型互联网企业的投诉与纠纷均集中至平台企业注册地处理。但从纠纷性质与内容的角度来看，直接与平台相关的投诉占比不高，大多数投诉内容为平台上用户与用户之间的经营纠纷，因此有必要推动商业经营户所在地的监管单位介入投诉处理流程。目前平台注册地监管单位在接到投诉时，尚不能直接转接经营地，对此需要通过进一步建立直接的转接机制的诉求，使得消费者可以直接向经营地监管单位进行投诉举报，有效提高纠纷解决的效率。

此外，协同监管体制机制和数据平台建设也不够成熟，即使在长三角内部，系统化信息沟通平台也较为缺乏，各地监管部门并不存在统一的办公软件标准，根据自身情况选择的"钉钉""微信"等信息平台难以打通，

监管部门使用上述信息平台跨区域移送线索及案件证据包时，存在一定的障碍。再者，跨区域监管也缺少统一的信用信息平台和信用体系标准，各地区、各行业的信用信息采集和信用平台建设标准各不相同，信用信息共享不够充分，不利于加强对企业的信用管理和针对性的监管。

四、辖区内以及全市范围内的消费设施设置结构不平衡

浦东及上海的消费设施设置结构不平衡，缺乏具有国际影响力、享誉世界的地标性商业中心。目前上海商业设施建筑总量已达 7600 万平方米，人均商业面积远超发达国家的水平，是东京的 3 倍。上海城市商业设施呈现区域发展不平衡的态势，部分郊区商业设施规模过剩、分布不均等问题较为突出。这主要体现在：第一，部分区仍存在明显的土地财政依赖。一些区政府对于土地出让收入和相关税收的依赖较高，由于住宅项目受调控管制无法上市，土地出让收入几乎全部为商办土地，导致商业综合体密集，但客流支撑明显不足，一些商业综合体销售额呈现负增长态势。第二，是商业网点规划的法定性、权威性不强。如市商业主管部门在出让土地时，明确商业地产开发企业物业持有比例和持有年限要求，但是一些区在实际操作中仍会突破。三是对商业业态宏观调控的法律支撑不足。针对部分区存在盲目片面追求商业发展，破坏商业生态的情形，市级层面的宏观调控缺乏有效的法律支撑。比如伦敦、巴黎等国际著名消费城市在郊区仅有 1 家奥特莱斯，而上海有青浦区百联奥特莱斯和浦东新区佛罗伦萨小镇、奕欧来等 3 家，长宁区百盛优客、杨浦区东方商厦和上海国际时尚中心等定位为城市奥特莱斯。正是由于上述原因造成的商业设施分散化、不平衡格局，使得上海缺乏高价值、地标性的国际性商圈，现有南京西路商圈作为上海最具代表性的国际化商圈，与国际知名商圈差距较大，人均

消费额不及纽约第五大道的九分之一，国际游客比例不及东京银座的七分之一。

五、多产业融合的消费新生态尚未形成

国际消费中心，不应只有购物一个着力点，而是要打造一个商业、旅游、文化、体育、会展等多个行业联动发展的有机整体，从而实现消费的规模效应和整体优势。上海早已引入 F1 上海站、上海网球大师赛、国际设计周等一批世界知名赛事、展览、艺术活动，但大型文化、体育等场馆与周边商业设施联动性相对薄弱，大型文化、体育赛会、活动购物消费转化率不高。也就是说，目前只实现了产业活动的引进，而各产业间相互联动、相互促进的消费业态还未实现。根本原因在于：不少中心商业街区产权情况较为复杂，商铺层层转租，产权相对分散，街区开发建设和招商运营脱节，难以实现统一规划管理。同时，缺乏统一的运营管理团队，在形态改造、业态提升整体营销方面，难以进行统一布置和落实。

六、跨部门协同推进机制不够完善

国际消费中心城市建设中面临大量的跨界协调事宜，跨部门协同推进机制有待进一步完善。建设国际消费中心城市，是典型的"跨层级、跨部门、跨地域"的系统工程。调研发现，在城市商贸业发展的现实中，存在着大量需要跨部门、跨地域协调互动、紧密配合的事宜，有些区域"一照多址"试点企业"南瓜车"在区内可实现一张营业执照、多个经营地址、一次行政许可，但在外区新开门店却碰到一些部门行政许可门槛，不得不重新申请设立一个分公司。还有一些国际化妆品品牌商表示，国外化妆

品新品一般需要 1—1.5 年才能在本地上市，大量时间耗费在进关、送检、技术审评、行政审批等程序，流程走下来"新品变成淘汰品"；商家请明星做营销活动，需多个部门审批，程序全部走完要"跑断腿"。目前，在"上海市国际消费城市建设领导小组"领导下，由市商务委协调推动国际消费中心城市的相关事宜，面对面大量广的跨界协调事宜，因市商务委的权力有限、手段有限，致使跨部门协同推进成效不明显，在一定程度上延缓了上海推进国际消费中心城市建设的进程。

第三节　国际消费中心建设的国内外经验借鉴

一、国际消费中心建设的国际对标

国际消费中心城市是连接国内外两个市场汇聚全球资源要素的强大"引力场"，是具有丰富消费内容、高端消费品牌、多样消费方式、优越消费环境，吸引全球消费者的高度繁荣的消费市场，是全球消费资源的配置中心以及引领全球消费发展的创新高地。通过对比总结全球消费城市发展经验，国际消费中心城市应具备一定的共同特征。

一是拥有较强的综合实力。经济实力、国际辐射力和影响力强被普遍认为是国际城市的"标配"。从人均 GDP 来看，2018 年纽约、巴黎、伦敦、东京的人均 GDP 分别为 77.9 万元、40.3 万元、43.9 万元、48.7 万元（同期北京和上海人均 GDP 分别为 13.9 万元和 13.5 万元）。城市繁荣度是国际消费中心城市的基本表现。

二是具有活跃的商业环境，消费市场的规模和能级在全世界名列前茅。国际消费中心城市拥有丰富多元的消费品牌、消费时尚风向标，往往也是著名的国际旅游目的地。从消费性服务业占比来看，2018 年，纽约、巴黎、伦敦、东京的服务业占 GDP 的比重均超过 90%，而且是重要国际品牌的集聚地。例如香榭丽舍大街汇聚了 LV、迪奥、香奈儿、CK、路易威登等专卖品牌店，汇集众多顶级旅馆和星级餐厅。

三是具有高效通达型消费设施。纽约的直航航班通往全球 150 多个城市。国际机场协会（ACI）网站数据显示，东京机场、巴黎机场 2017 年的旅客运输量和货物运输量均居前 10 位。发达完善的交通、信息和物流设施是国际消费中心城市的关键条件。

四是拥有丰富的商业业态。文化表演、娱乐、美食、休闲等体验活动丰富，为不同层次的域外消费者提供形式多样、富有特色、快捷便利的选择。同时，具有突出的消费创新和引领能力，大家熟知的巴黎、东京、中国香港等国际消费中心城市，大多也是"时尚之都"。

基于上述共同特征，以及纽约、巴黎、东京等国际知名购物天堂的主要成功做法，以下几方面值得浦东新区借鉴和参考。

第一，打造引领潮流时尚的风向标。国际消费中心城市面向全球消费者，国际化外向程度高和全球影响力强是重要条件。巴黎的香榭丽舍大街、东京的银座与纽约的第五大道被称为是世界三大繁华中心，因其在世界范围内享有的极高知名度，而成为消费者在全球购物时的首选地。国际消费中心的知名度也不仅体现在消费购物方面，也会从金融、文化、时尚等多个方面进行影响力输出，如东京的动漫产业、巴黎的时装周，从方方面面吸引全球消费者。

第二，具有活跃的商业环境，重视时尚创新投入。国际消费中心具有活跃的商业环境，一流的艺术人才和大量的创新投入，是众多国际大牌的诞生地，也是拓展品牌旗舰店、新品发布会的第一选择。例如，纽约的帕森斯设计学院成立于 1896 年，为国际顶级时尚学院之一，为 LV 打响服装设计名号的马克·雅可布（Marc Jacobs）、Tiffany 的首席艺术官里德·克拉科夫（Reed Krakoff）、Gucci 前首席设计师汤姆·福特（Tom Ford）等都是帕森斯设计学院的校友。同时，纽约拥有约全国 10% 的创意部门工作岗位，其对艺术创新投入的重视程度可见一斑。此外，伦敦有成立于 1837 年的皇家艺术学院、米兰有成立于 1935 年的马兰戈尼学院。资源配置能力、文化价值认同、顶尖时尚学院、一流设计人才等决定了一个城市在时尚消费领域的话语权和主导权。

第三，具备发达的交通网络。高效、全球化的交通网络是促进国际消费中心商业繁荣的重要条件。"国际"两字决定了消费服务功能的空间尺度，面向全球消费者，拥有全球人流、货物、资金的集散能力；"中心"两字决定了在全球城市网络体系中要有较强的影响力，那么这个城市的全球枢纽度就成为关键要素。例如，新加坡、迪拜并非传统的全球消费城市，但依赖在全球城市网络的中转作用和枢纽地位，逐步扩大了全球消费的吸引力。同时，在旅客抵达后，以上城市的市内交通同样发达，基本实现列车班次 2—3 分钟高密度开行，在主要商业街区，通过建设相互连通的地下廊道，人流可以便捷地穿梭于不同消费场所。

第四，富含多样化的消费选择以便延长消费时间。国际消费中心是商业、旅游、文化、体育、会展等多行业协同发展的有机整体，是物质消费、精神消费、知识消费、文化消费的融合联动，从而发挥消费生态优势、实现协同规模效应。以纽约为例，纽约第五大道后街群由与长约 4 公里的纽约第五大道商业街相交的 20 余条支马路组成，与华尔街近在咫尺，最终形成了众创空间、创意书店、咖啡店、酒吧、精品餐厅、健身房等组成的完整创新工作生活生态圈。再以东京为例，东京银座大街的两旁有 4 家顶级百货公司、500 多家特色商店、2000 多家餐厅、1600 多家酒吧和歌舞厅、30 余家剧院和 100 余处画廊。此外，东京港区中的六本木将商业与文化、旅游相结合，有效提高整体品牌形象和竞争力，引入东京电影节、森美术馆、国立新美术馆等，在艺术、社交、潮流、网红场景等多种元素合力铺垫下，带来年均 4000 万人次的客流量，购物消费则成为众多业态"皇冠上的宝石"。

第五，实施有利于消费集聚和实现的税收政策。从目前来看，国际消费中心城市的所在国都制定了有利于消费聚集和实现的税收政策，其目的更多在于引导特定的消费行为，而非筹集财政收入，以此来保护相关生产者的积极性，并尽可能为企业生产经营及居民消费减轻税负。国际消费中心城市大都建立了较为完善的免税购物和离境退税制度，人们可在免税店购买全球著名的高档消费品，以及独具当地特色的国产商品。有些国际消费中心城市免税店的国产商品销售份额甚至能占到 30%～40%，不仅有助于扩大本国商品出口，还能提升当地品牌知名度。此外，以新加坡为代表的一些国家还早早实行了离境电子退税，入境游客购物时只需一张信用卡作为支付媒介，离境时可在 3 分钟内完成退税流程，极大地便利了国外消费者。

二、国内其他城市建设国际消费中心的做法与启示

北京、深圳、成都、杭州等 GDP 排名靠前城市均提出"建设国际消费中心城市"的目标，其主要政策趋势和做法有以下几个方面。

（一）北京：打造临空国际免税城

从综合实力来看，北京在 GDP、社会消费品零售总额、国际旅客吞

吐量、常住人口等方面具备了较强实力。"十四五"时期，北京将推出系列重点举措，加快打造国际消费中心城市：第一，大力引进品牌"首店"、旗舰店，汇聚全球高端知名品牌，支持国内外一线品牌总部机构在京落地；第二，加快布局一批市内免税店，促进境外消费回流；第三，打造一批国际博览会、购物节、时尚周、消费展和世界级赛事活动，增强三里屯、望京、五棵松、麦子店、亦庄等国际消费社区吸引力，扩大入境消费；四是建设一批购物小镇、体验式商业综合体、特色街区，加快颐堤港二期、亮马河—坝河国际风情商业街等建设，发展有品质的夜间经济，支持发展"夜京城"地标，打造必到必买打卡地。同时，鼓励消费新业态新模式发展，推进大兴国际机场临空经济区国际消费枢纽建设。

（二）深圳：打造以科技创新消费为内容的国际消费城市

近年来，深圳也多举措促进消费增长，连续出台《深圳市关于进一步促进消费增长的若干措施》《深圳国际消费中心城市建设行动计划（2019—2021年）（征求意见稿）》等多个文件。更在2020年政府工作报告中强调，要"加快打造国际消费中心城市"，并提出具体措施：一是培育时尚消费、信息消费等消费新热点，发展有特色、有品质的专业市场，形成以技术、品牌、质量、服务为核心的竞争新优势；二是推动"深圳制造"向"深圳创造"转型，打造万亿级先进制造业产业集群；三是实施"设计"工程，推动设立面向全球的创意设计大奖，助推黄金珠宝、眼镜、钟表、服装等优势传统产业高端化。此外，深圳还提出建设国际化核心商圈，提升东门、华强北等商业步行街的环境和业态，繁荣夜经济。

（三）杭州：强化数字赋能，壮大新型消费模式

互联网发达的杭州，正致力于打造直播电商发展高地、打造新零售示范之城，打造数字生活新服务标杆城市。通过加快推进"网上菜市场""网上餐厅""网上课堂"等数字生活新服务，推广"不见面"交易、"零接触"服务新模式，满足群众便利的消费需求。同时，杭州正着力强化跨境电商发展优势，推动跨境电商综试区与电子世界贸易平台杭州实验区建设有机融合。文化自信度是打造国际消费城市的底气。杭州拥有西湖、大运河、良渚古城遗址三大世界文化遗产。所以，杭州于 2020 年设立首个世界遗产联盟，通过文化产业及文创产品带动文化旅游，通过注入文化元素，打造特色商圈，升级杭州这座城市的城市特色，提升国际能级。

近日，杭州出台了《建设国际消费中心城市三年行动计划（2021—2023 年）》，明确提出要加快建设全球智慧消费体验中心、时尚消费资源集聚地、知名休闲目的地，推动杭州城市商业知名度显著提升、数字生活新服务全面领先、国际化消费环境日臻完善、消费方式创新多元，建成立足国内、面向亚洲、辐射全球的国际消费中心城市。

（四）成都：打造融入"一带一路"的供应链、服务链

成都是继上海、北京之后，全国第三个拥有两个机场的城市，这为打造国际性消费城市奠定基础。成都加快建成充分体现天府文化特色和国际时尚魅力的国际消费中心城市，除提出打造国际消费品牌展会、建设开放型消费平台等举措推动融入全球之外，还提出要打造融入"一带一路"的供应链、服务链。一方面，强化国际消费通道建设，实施国际客货运航线拓展计划和实施国际班列提能计划，加快建设亚蓉欧陆海联运大通道，增强国际消费服务和货物组织能力；另一方面，实施国际消费供应链体系建设，依托基于国际航线、国际班列的全球物流体系，将成都打造为面向全球的消费品制造企业配送枢纽和面向泛亚的全球区域分销运用能力。三是深化国际消费货物和服务贸易，积极扩大消费品进口，支持每年新开设离境退税商店 40 家以上，推动建设免税商品中心和世界进口商品超市。

（五）西安：建设历史文化和现代时尚交相辉映的消费中心

根据《西安国际消费中心城市创建实施方案》，提出到 2025 年，全面建设成为西部地区引领潮流的消费中心。即大力发展以秦始皇兵马俑为代表的文旅经济，重点打造曲江盛唐文化产业聚集区、临潼秦唐文化产业聚集区、古城国际文商旅聚集区、大唐西市丝路文旅聚集区，推动西安建设"世界文化之都"，培育国际文创消费新高地。此外，西安提出优化城市商业布局，打造以"钟楼—大南门"国际消费中心和"大唐不夜城—小寨商圈"双引领，浐灞国际会展商圈、临潼国际旅游度假商圈等区域商圈为支撑，曲江中央文化商务区（CCBD）、高新中央创新区（CID）等国际高端商业服务配套为延伸，大唐西市等特色商业街区为辐射网络的国际消费中心城市时尚矩阵。依托大唐不夜城、北院门、书院门等历史文化街区和大唐西市等文旅商综合体，发展集观光、休闲、消费、购物的城市商圈。

第四节　打造国际消费中心的相关思路和政策建议

一、浦东打造社会主义现代化建设引领区消费中心的总体思路

浦东建设国际消费中心城市核心承载区的发展目标是：推动浦东新区消费供给体系、需求结构、发展环境符合高质量发展要求，从消费场景塑造、消费政策创新、消费环境优化、消费文化培育等方面，推动消费资源集聚力、消费产业引领力、消费品牌影响力、消费环境吸引力、区域消费辐射力迈上新的台阶，成为消费创新策源地、全球品牌必达地、时尚发布

首选地。

浦东要成为扩大国内需求的典范引领,建设国际消费中心。从"过江大采购"到上海国际零售商集聚度最高的城区,站在新起点,浦东向着国际消费中心加速迈进。需要着力创造高品质产品和服务供给,不断提升专业化、品牌化、国际化水平。

加快推进浦东《全球消费品牌集聚计划》,吸引更多国际国内知名商业主体和消费品牌集聚浦东,打造面向全球市场的新品首发地、引领消费潮流的风向标。培育消费新模式新业态,对消费新业态实行包容审慎监管,引领带动国内消费升级需求。发挥浦东先进制造和贸易航运枢纽优势,推动消费平台和流通中心建设。拓展开放合作平台,扩大与消费相关的服务业开放,研究探索放宽电信服务、医疗健康等服务消费市场外资准入限制,促进服务供给体系升级。

二、浦东打造社会主义现代化建设引领区消费中心的建设路径和政策建议

(一)以"五新"为发展路径,打造国际消费中心新样板

将浦东定位为国际消费中心,是上海"五个中心"核心区之外的又一国家级新定位。建设国际消费中心,浦东的发展路径主要体现在"五新",即新主体、新平台、新地标、新消费、新环境。

一是集聚新主体。引进具有链接国内国际市场能力的市场主体和专业机构。积极引进国际化高能级主体,成为国际消费中心建设的新引擎。培育升级品牌总部,支持国际品牌中国区总部升级,培育形成一批拥有自主品牌的本土跨国商业企业集团。承接进博会溢出效应,引进具有全球标识度的供应商、具有链接国内国际市场能力的专业机构。

二是打造新平台。做强红酒、化妆品、钟表等一批进口消费品集散平台。培育发展一批"博览会""时尚周""消费展"等国际产品和服务消费新平台。发展消费新业态新模式，鼓励直播电商、跨境电商等平台创新发展。发展购物退免税，提升离境退税商店覆盖率，优化离境退税"即买即退"服务流程。打造进口消费品集散平台。以外高桥国家级进口贸易创新示范区，形成消费品进口、保税仓储、分拨配送、展示销售、零售推广及售后服务等于一体的服务链。加快发展免税经济，支持免税品经营企业增设市内免税店，加快推进重点商圈离境退税商店全覆盖，扩大即买即退试点范围。可在上海临港地区试点海南的国际购物退税政策，比如口岸进境免税店免税限额从目前的 8000 元，提高到每年每人 3 万至 10 万元，增加市内免税店布点，扩大市内免税店销售对象等。

三是树立新地标。打造世界级地标商圈。把小陆家嘴商圈打造成世界级地标商圈。打造以太古里为代表的前滩、比斯特购物村、佛罗伦萨小镇等特色商业。

四是发展新消费。发展首店首发经济，以滨江沿线新品首发平台吸引国内外知名品牌、高级定制品牌等举办首秀、首发活动。推动商业数字化转型，打造智慧化商圈商街，推动 5G 应用场景创新。促进服务消费升级，推进重点商圈融合旅游、文化、体育、会展等消费联动。促进夜间经济发展，围绕"一带五圈多点"布局，打造具有标志性的、体验丰富的知名夜间消费地标。

五是营造新环境。引进扶持创新型人才，重点引进新零售、时尚设计、品牌管理等高端专业人才，提供服务人才的各项保障措施。构建诚信消费环境，率先在消费领域构建以信用为基础的新型监管机制，探索建立消费领域的联合奖惩和信用修复机制，加强消费者权益保护。

（二）以更大力度加强品牌建设，为消费升级注入新动能

打造国际消费中心城市离不开品牌建设，这对城市中的企业和城市自身来说，都是如此。对企业而言，自有品牌建设可以拓展企业的业务范围、增强产品品质、降低广告费用、提高客户忠诚度，实现整体综合收益的全面提升；对城市发展而言，通过发展自有品牌可以为当地消费升级提升注入新动能，进而提升城市整体品质。品牌是品质的凝聚，品牌意味着信任，上海在打造全球城市过程中亟须有自己的本土品牌作为名片，提升城市知名度，吸引更多的全球资源。未来，需要吸引更多国际国内知名商业主体和消费品牌集聚浦东，增强高品质产品和服务供给能力，强化集聚辐射和引领带动作用，实现消费环境、消费品质提升。

浦东新区需通过《全球消费品牌集聚计划》，以六大专项行动为抓手，打造国际消费中心。未来三年，围绕品牌标识度、时尚引领度和业态丰富度，浦东将打造成面向全球市场的品牌首选地、新品首发地和潮流风向标，力争消费类总部过百、首店过千，建设 5 个百亿级、3 个千亿级消费专业平台。

一是品牌总部提质行动。着重引进国际知名品牌商、品牌首店旗舰店；支持国潮品牌等进入浦东核心商圈；提升总部企业品牌运作能力。

二是品牌载体建设行动。以金色中环、五彩滨江、城市副中心等空间布局规划为引领，建设陆家嘴世界级地标商圈，张江、前滩等区域特色商圈及滨江沿线首发地标。

三是品牌渠道拓展行动。通过"一带一路"、进博会引进具有全球标识度的品牌供应商，放大品牌渠道。依托外高桥做强一批进口消费品集散平台，拓宽品牌渠道。推动国内外标准互认和贸易便利化，畅通品牌渠道，力争实现"零时差""全球购"。

四是品牌创新赋能行动。包括开放赋能，探索放宽服务消费市场外资准入限制，争取跨境专业服务率先开放；数字赋能，探索构建"智慧商业"体系；融合赋能，推动商旅文体展等融合品牌发展。

五是品牌传播推广行动。以节庆活动、行业活动与论坛、品牌首发活动等助力品牌传播；加强展会与消费联动，促进品牌推广。

六是品牌环境优化行动。重点探索包容审慎监管，推进消费领域标准化建设，加大品牌发展政策支持。

（三）以提高商品和服务的供给质量为核心，打造高质量服务产品高地

在当前的发展形势下，为促使消费升级，绝不能依靠促销活动等传统路径，而是应当依靠提质扩容，即需从提高供给质量的角度来扩大内需、促进消费。不仅是实物商品，服务消费的供给和提升也十分关键。

一是浦东新区应当利用自身资源和市场优势，开发建设更多服务性消费的项目，如高端养老社区、养老公寓、高端医院、更多的现代化文化体育设施等，并探索建立养老托幼、家政服务、健康保健、文化体育服务方面的标准体系，在提高服务产品质量方面走在前列，树立典范。

二是可在放宽电信服务、医疗健康等服务消费市场外资准入限制方面做新的探索和尝试。拓展开放合作平台，扩大与消费相关的服务业开放，研究探索放宽电信服务、医疗健康等服务消费市场外资准入限制，促进服务供给体系升级。

三是需要培育绿色健康消费新模式，充实丰富线上消费业态，推动线上线下融合消费双向提速。在线购物和在线消费是市场发展和科技发展的必然产物，对消费有很大的促进作用。这是消费模式和业态的创新，也是现代意义上的国际消费中心的重要标志。此外，需要更大力度地倡导绿色低碳消费。未来，上海将大力推广节能环保低碳产品，全面推行绿色产品政府采购制度。大力倡导生态设计和绿色消费理念，减少一次性用品的使用，引导消费者优先采购可循环、易回收、可再生的替代产品。试点餐饮行业绿色账户积分激励机制。加强塑料污染治理。推进再生资源回收和利用，提高资源综合利用率，推动汽车使用全生命周期管理。

（四）以更大力度改善消费环境，顺应消费者对消费体验的新要求

上海将围绕国际消费中心城市建设，加快打造消费地标载体，优化消费购物环境，释放高端消费、在线消费、服务消费、外来消费和夜间消费潜力，做大消费流量规模，全面打响"上海购物"品牌。尤其需要从以下几个方面提升消费者体验，以更大力度构建国际消费中心城市服务体系和消费环境。

一是持续提升品牌集散度。不仅要做高端品牌的进口集散地，吸引奢侈品牌到上海投资，还要做品牌消费的供应链管理中心、快消品的物贸总部基地和本仓。在境外旅游受阻的背景下，建议抓住高端消费回流扩大内需市场的窗口期，加快制定促进消费回流的政策，加快集聚全球优质商品和服务；放大进博会溢出效应，迎合国内升级版消费需求，引进一批有特色、优质的进口产品，同步建立进口消费品展示交易直销平台。

此外，在集聚国际品牌的同时，上海还将打响本土制造消费品品牌，包括打造外贸企业自有品牌，扩大"同线同标同质"实施范围；发展城市定制商品和高级定制品牌；打响一批引领性本土品牌，支持其进商场、上平台、入驻特色街区、进免税店；做大做强中国品牌日、世界设计之都大会、设计创新展等各类品牌展会和活动，提升本土品牌影响力和美誉度；打造一批面向垂直领域、细分客群的上海网络新消费品牌。

二是持续提升消费创新度。加快发展在线消费，充分利用5G、大数据、人工智能、区块链等智能交互技术，同时，要加快推进数据安全建章立制，加快推进上海数据条例立法计划，完善数据安全相关法律法规和标准规范。加快商业转型升级，创新商业新业态新模式，打响"上海云购物"品牌，举办更多云走秀、云体验、云展览活动。比如，2020年上海第一次举办"五五购物节"，吸引了众多在线新经济企业参加，实现电商（线上）和实体零售（线下）融合发展，大大激发了消费活力。

坚持实体消费与云端消费双轮驱动，夯实高品质生活的产业支撑条件。推动国际知名品牌在浦东新区布局全球总部、亚太总部、大中华区总部，引导国际知名品牌在浦东设立研发中心、采购中心、结算中心、运营中心和品牌旗舰店、体验店。积极引进国内一线品牌，支持国内知名商业企业品牌、商品品牌和服务品牌在浦东新区设立全球性、全国性和区域性的品牌首店、旗舰店。培育壮大智能制造、无人配送、在线消费、医疗健康、电子商务、网络教育、网络娱乐等消费新业态，充分发挥网络直播、短视频、电子商务、外卖、远程办公、无接触零售等新型消费潜力，鼓励5G终端消费、智慧家居消费等升级消费发展，通过不断提升行业技术水平、产品迭代升级满足消费者需求。

三是持续提升时尚引领度。一方面，要整合城市消费资源，举办上海时装周和国际化妆品节，进一步办好中国国际零售创新大会、上海酒节、双品网购节、天猫年会等一批重点商业活动。另一方面，要打造集发布流行趋势、推广原创设计、贸易展示、文化交流于一体的国际时尚消费平台，培育一批具有国际影响力的时尚传媒品牌，促进时尚创意文化产业发展，将上海打造成为国际时尚消费风向标。

四是持续提升环境便捷度。提升设施便捷度，推动上海新型基础设施规模和创新能级迈向国际一流水平，要成为超级跨境电商中心，成为国内外品牌电商平台中心。加快街区环境、街区改造和业态调整的步伐，提升街区商业环境的"颜值"，从而扩大"一带""多圈"地标性夜生活集聚区影响力。强化购物场景的智能化、数字化、情景化，推动智能定位系统、智能影像分析、现实（AR）/虚拟现实（VR）等现代技术的广泛应用，为消费者提供创新性、智慧化的体验服务。还要将绿色服务、节能减排、资源循环等概念充分融入消费环境中。

应以破除制度性障碍为突破口，营造消费产业的高质量发展环境。深化商事登记制度改革，促进连锁经营和新零售发展。实施新技术新产品监管"松绑"计划，建立强制性标准实施与质量监管相结合的负面清单管理模式，让更多新技术新产品及时走向市场。进一步放宽医疗、文化、教育、养老等重点服务消费领域的准入条件，进一步增加新兴消费供给。加快发展健康、养老、托育、家政、培训、旅游、美容等服务消费产业，探索与互联网的深度融合，构建高质量服务消费产业体系。根据在线新经济的纳税销售额和区域贡献，论证出台相关激励措施的可行性和有效性。

五是持续提升服务贴心度。进一步完善商业服务标准化体系，营造良好的营商环境，维护公平、公正、健康的零供关系，构建"信用""商圈"管理模式，充分保障跨境消费消费者权益。要建立品牌消费品国际比价体系，尽可能实现与国际市场同质同价。构建以商务信用为基础的新型监管机制，降低交易成本，提高流通效率。

六是持续提升人文体验度。培育特色鲜明的海派商业街区，建设集历史风貌、高端商业、人文艺术和休闲体验服务于一体的、具有较高影响力和美誉度的商圈商街。挖掘街区历史文化资源，将商业步行街打造成为展示城市形象的新名片，塑造有历史记忆、文化脉络、中国特色、上海特点的步行街，改善消费者购物休闲体验，实现城市现代化和人文特质的和谐统一。

（五）提高新型电商平台的运用范围和质量，助推智能化、定制化、体验式的商业新模式

一是大力支持数字技术发展，不断鼓励业态模式创新。为促进上海品牌经济建设，应大力支持各类新型电商平台企业积极开展技术研发及场景应用，运用 5G、云计算、物联网、大数据、区块链、**VR/AR**、人工智能、高清影像（8K 及以上）等创新技术，不断提高消费者消费体验，助力企业自身发展，不断提高市场竞争力和品牌知名度。借助新型电商平台的数字化升级，推动商贸主体向数字化、网络化、智能化、服务化方向发展。此外，还要继续支持新型电商平台企业创新消费新业态和运营模式，提高消费创新度、时尚引领度、消费满意度及品牌影响力。对于新型电商平台有模式创新、技术突破、引领推广作用的企业，给予政策扶持。积极建立完备的新型电商平台的集货体系，打通设计研发、生产制造、品牌打造、线下网点和仓储物流体系等产业链各环节。

二是制定新型电商平台运行规则，助力品牌发展生态形成。深入开展新型电商平台调查研究，逐步完善企业市场准入、管理制度和服务标准；加强事中、事后监管，依托平台建立市场信用监管体系，规范平台日常运营，探索形成适应新型电商平台发展的管理模式，努力营造法治化营商环境。浦东应在全国范围内率先建立新型电商平台统计制度，动态监测平台运行情况，定期编制和发布本市新型电商平台发展报告，为行业发展提供服务。推动成立新型电商平台相关行业组织，制订行规行约，加强行业自律，为新型电商平台品牌化长期发展提供良好保障。

三是加大提供个性化扶持政策，强化试点示范作用。用好本市区各项扶持政策，充分发挥自贸试验区和浦东综合配套改革试点优势，加大对不同类型新型电商平台个性化支持政策协调力度，推动新型电商平台整合产业链，延伸服务链，为各类新型电商平台起步、发展、壮大创造条件。建立新型电商平台项目滚动库，每年择优认定一批示范和培育项目，充分发挥导向作用，推动新型电商平台发展的理念创新、技术创新和业态创新。

四是大力支持新型电商平台与传统老字号品牌合作，鼓励老字号品牌建立个性化电商平台。加快传统优质产品迭代更新，推出伴手礼、时尚款、定制款等各类新品，让好产品利用线上平台辐射国际国内市场，提高产品销售范围。支持新型电商平台实施自有品牌战略，依托大数据精准发掘消费需求，提升商品管控能力，运用先进生产工艺，提升自有品牌产品品质。依托"五五购物节"等重大商业节庆活动和展会平台，加强自有品牌宣传推广，培育自有品牌消费环境，提升自有品牌形象。

五是进一步打造零售企业自有品牌示范项目，支持大型连锁商业企业和电商平台实施自有品牌战略，依托大数据精准发掘消费需求，提升商品管控能力，运用先进生产工艺，提升自有品牌产品品质。鼓励线上平台与实体商业深度合作，打造智能化、定制化、体验式的商业新业态新模式。集聚一批引领行业发展的直播电商平台，培育一批具有国际影响力的直播活动，鼓励品牌设立"直播旗舰店"，打造一批直播电商基地，吸引一批具有跨境电商服务能力的 MCN 机构。

（六）进一步完善人才队伍建设、金融和统计体系，构建支持性的全方位保障体系

一是应当构建与国际消费中心相适应的消费统计指标体系。人民高品质生活需要正在引领消费内涵的变化，完善消费统计的指标体系是当务之急。社会消费品零售总额是国家统计局进行消费统计的核心指标，但其中并不包括服务性消费。在教育服务、医疗卫生服务、文化娱乐服务、自有住房服务、金融保险服务等服务性消费占比不断提升的背景下，应及时开展对消费新业态、新模式的量化跟踪，建立与国际消费中心相适应的消费统计指标体系，全面反映服务消费、商品消费、网络消费、外来消费、品牌集聚等消费发展情况。

二是更紧密地将新消费关键领域与社会资本相结合。以新零售产业发展基金为抓手，推动新型消费示范城区建设。建立政府和社会资本合作机制，设立新零售产业发展基金，鼓励社会资本投向新消费关键领域、重点区域、薄弱环节和应用示范项目。通过参股、并购、重组等市场方式，重点投资应用互联网、大数据、云计算、人工智能新技术的无人零售、智慧零售等新零售项目，着力打造智能体验消费场景，推动商业数字化转型。整合利用国有资本投融资平台和上市公司平台，推动商贸领域国有企业加大对产业链缺失环节的并购力度。加强与消费领域知名创新型企业对接，引导其在浦东新区布局新零售、无人零售、跨界零售等新消费项目，满足群众便利消费需求，打造一批有影响力的智慧商圈、智慧集市和智慧商店。

三是以国际化消费载体提升国际化服务功能，创建国际旅游消费示范区。落实国家降低进口商品总体税率部署，扩大市民群众需求集中的特色优势产品进口，建设进口消费品集散枢纽，促进进口商品跨境电商发展。鼓励大型零售企业"走出去"建立海外采购中心或直采基地，增加高质量商品进口。建设完善一批满足全球采购、全球配送的供应链综合服务平台，为消费品进口提供供应链一体化综合服务。发挥上海国际旅游度假区与自贸试验区的叠加效应，高品质打造集钟表、珠宝、食品、药品、日用品等多种经营业态为一体的免税购物综合体。提高浦东国际机场等口岸免税店运营水平，鼓励免税品运营商在浦东选址、布局市内免税店，支持零售企业争取免税经营执照，提升免税商品购买便利度。合理规划离境退税定点商店布局，完善离境电子退税流程，为境外游客提供更加便捷的出口退税服务。

四是增强外籍人士消费便利性，拓宽入境旅客数字化支付渠道。措施包括建设面向团队的入境签证互联网申报平台；对具有国际影响力的展会、文化、赛事活动入境人员提供签证办理便利；释放团队旅游、健康旅游签证便利政策效应；用好 144 小时过境免签、邮轮免签政策。同时，拓宽入境旅客数字化支付渠道，推动银行业金融机构开展入境游客移动支付服务项目落地实施和推广，完善外卡收单受理环境和支付便利度，打造多语种服务示范场景，开发英文版电子地图。

五是加强金融保障力度，强化人才培养体系。支持金融机构与新型电商平台合作，创新有针对性的投融资服务，同时，积极争取国家有关政策性金融机构的资金支持。对在境内外证券市场新上市的本地新型电商平台企业，按照上市有关政策给予奖励。鼓励社会各类风险投资等基金支持新型电商平台发展。积极给予经认定的新型电商平台企业高层次人才在落户、优先购房、购（租）房补贴、子女入学、医疗等方面享受相应待遇。鼓励在沪高校、新型电商平台培养适合市场需要的新型电商平台专业人才。加强人才队伍建设，通过加大招引、分类认定、培育培训、强化赋能、引领服务，全面加强新型电商平台人才队伍建设。建立新型电商平台企业纳税等市场化人才评价标准，为新型电商平台助力品牌经济发展提供人才支撑。

第六章　浦东城市治理现代化水平提升的思路和举措

　　不断提高城市治理现代化水平，打造现代城市治理的示范样板，开创人民城市建设新局面，是中央交给浦东打造社会主义现代化建设引领区的一项重要使命，也是浦东在新起点上实现更高水平发展的内在要求。经过这些年加快推进，浦东在现代城市治理创新上取得了显著进展，初步构建起系统完备、科学规范、运行有效的城市治理体系，但和打造社会主义现代化建设引领区的要求相比，在治理手段、治理模式、治理理念创新上还存在一定差距，与打造现代城市治理的示范样板的目标仍有不少距离。党的二十大报告指出："必须坚持在发展中保障和改善民生，鼓励共同奋斗创造美好生活，不断实现人民对美好生活的向往。"未来一个时期，浦东应紧紧围绕打造社会主义现代化建设引领区的要求，以更大的勇气和智慧推进城市治理创新，不断提升治理科学化、精细化、智能化水平，努力打造宜居宜业的现代城市治理样板，在全国充分发挥引领带动作用。

第一节　浦东城市治理现代化建设取得的进展 [①]

党的十八大以来，浦东新区紧紧围绕探索符合超大城区特点和规律的城市治理新路子这一命题，将中央要求和自身实际紧密结合，奋力推进城市治理理念和路径创新，率先构建经济治理、社会治理、城市治理统筹推进和有机衔接的治理体系，探索城市治理体系与治理能力现代化的浦东样本。尤其是坚持党建引领城市治理创新，确保真正落到实处。浦东新区成立地区工作党委，设立浦东区域化党建促进会，下设陆家嘴、张江、金桥、外高桥、世博、临港、国际旅游度假区 7 个片区委员会，在全区街镇和重点开发区域设 40 个分会，全面推行居民区"大党委制"，把加强党的领导贯穿于城市精细化管理、社会治理、公共服务、生态环境保护等全过程、各环节，实现党建全覆盖。在党的坚强领导下，浦东城市治理系统化、科学化、智能化、法治化水平不断提高，初步形成了党委领导、政府负责、社会协同、法治保障、科技支撑的城市治理体系，取得了显著成效。

一、全力应对新冠疫情重大挑战，充分彰显了中国特色社会主义制度的显著优势

浦东作为超大型城区，又处于我国对外开放的前沿，突发疫情和各类安全风险因素集中，突发公共事件应急处置任务非常重。近几年来，尤其是 2020 年初新冠疫情暴发以来，浦东新区深入贯彻中央和上海部署，把维护城

---

① 王德忠等：《浦东社会主义现代化建设引领区：逻辑演进与战略路径》，格致出版社 2023 年版，第 176—189 页。

市安全放在重要位置，全力应对新冠疫情重大考验，切实防范化解重大城市安全风险，城市安全运行总体受控，为高质量发展奠定了重要基础。

一是面对境外新冠疫情输入巨大压力，取得来之不易的防控成效。面对突如其来的新冠疫情，浦东新区作为这场大考的重要阵地，坚决贯彻中央和上海部署，打了一场出色的抗击疫情的人民战争、总体战、阻击战，交出了一张不一般的答卷。从 2020 年初开始，浦东迅速打响抗疫阻击战，全面织密织牢疫情防控网，做实全覆盖、全流程、全闭环管理。作为我国最大的入境口岸区域之一，面对极其严峻的境外疫情输入压力，浦东严格落实外防输入、内防反弹要求，始终坚持科学防控、动态防控、联防联控，充分运用最新科技手段加强精准防控，因时因势调整防控策略，完善常态化疫情防控机制，构筑起了一道保障城市安全的牢固防线，取得了来之不易的抗疫成果。浦东新区在疫情防控斗争中的良好表现，不仅为上海，也为全国疫情防控工作做出了十分重要的贡献，值得高度肯定。

二是切实维护超大型城区公共安全，突发事件应对体系不断健全①。浦东新区内有全球吞吐量排名领先的海港、空港，人流物流高度密集，高层建筑数量远超其他地区，且危化品生产运输量较大，各类城市运行安全风险高度集中。面对严峻的安全压力，浦东新区牢固树立安全发展理念，不断健全风险监测、综合研判、预报预警机制，狠抓安全生产管理和灾害综合防治，安全事故总量保持下降态势。尤其是聚焦城市运行中易发高发的风险隐患和安全薄弱环节，加强对危险化学品、道路交通、消防安全、港口安全等重点领域的风险管控排查，挂牌督办隐患治理，推进企业安全标准化建设，安全生产形势持续稳定好转。同时，强化以千里江堤、千里

---

① 上海市应急管理"十四五"规划，载上海市人民政府网 https://www.shanghai.gov.cn/nw12344/20210816/7c35057f10ff46a1a47f1be37e1a01f9.html，2021 年 7 月 20 日。

海塘、城镇排水和区域除涝等"四道防线"为骨架的防汛体系，提升灾害防御和应对能力。此外，不断加强多元应急救援力量建设，有力推进国家综合性消防救援队伍转制改革，强化专职消防队、志愿消防队和微型消防站等消防救援力量，大力发展应急救援专业队伍，突发事件救援能力进一步提升。

二、以打造"城市大脑"为牵引，实现浦东城市运行智能化和精细化程度加快提升

浦东新区各类经济要素高度密集，人流量巨大，城市运行管理任务十分繁重。近年来，浦东新区在全国率先探索运用智能科技手段，打造全域感知的"城市大脑"，构建"一网统管"数字化平台，推动城市治理流程的革命性再造。尤其是 2020 年 7 月以来，浦东探索将经济治理、社会治理、城市治理三大平台和相关场景进行深化整合，打造一体化平台，极大提升了整体效能。

（一）构建"一网统管"数字化平台，全面提升城市运行管理智能化水平

针对以往城市治理条块分割、各自为政，问题感知灵敏度不高、协同处置合力不强等问题，浦东在以往网格化管理平台的基础上，充分运用智能科技手段，率先构建以"一网通管"平台为载体的城市大脑，推进城市运行管理的数字化再造和体制机制创新。

一是设立浦东新区城市运行综合管理中心，作为统筹城市运行管理的平台载体 ①。在横向层面，区应急管理局、区政府总值班室、区安监大

---

① 参见容志：《技术赋能的城市治理体系创新——以浦东新区城市运行综合管理中心为例》，《社会治理》2020 年第 4 期。

队、区防汛指挥中心、区医疗急救中心等 5 个部门入驻城运中心；区公安分局、区城管执法局、区市场监管局等 9 个部门派驻业务骨干。平台集成110、119、120、12345 市民服务热线等各类资源，将原来分属不同条线的"单一兵种"汇集在一起，集运行监控、指挥处置、联勤联动功能于一体，全面指挥协调浦东所有城市运行管理事务。在纵向层面，浦东新区形成"区城运中心 +36 个街镇城运分中心 +1323 个村居工作站"三级管理体系，所有街镇城运分中心、村居工作站均实行统一的技术标准，实现不同层面之间无缝衔接。街镇城运分中心 24 小时在岗，可随时与浦东城运中心联动，开展各类事务协同处置，居村工作站实行白天在岗、夜间在线，从而将触角延伸到城市运行管理的第一线。

二是推进跨部门数据充分共享，打造全方位智能场景模块[①]。过去城市运行管理之所以不畅，一个重要原因是各个部门数据不能充分共享，存在"蜂窝煤"现象。针对这一问题，浦东新区围绕各类城市运行管理事项，对浦东新区政务云上的大数据进行归集和清洗，针对特定事项把不同部门业务系统中的所有相关审批、执法等数据进行关联，解决数据共享不充分的问题。比如针对危化品监管，市公安局、区安监局、区城管执法局等部门在危化品监管模块上共享车辆运行、执法情况等信息，尤其是对重点车辆信息可精准、实时共享，有效提升了执法工作的针对性和精准度。在各部门数据共享的基础上，针对城市治理顽症和市民群众需求，梳理出一系列的具体应用场景，打造全方位的智能管理模块。目前，已聚焦城市设施、城市运维、城市环境、城市交通、城市安全和城市执法等六大

---

① 参见《上海浦东新区城市管理精细化的探索》，载中共中央组织部编：《贯彻落实习近平新时代中国特色社会主义思想在改革发展稳定中攻坚克难案例—社会建设》，党建读物出版社 2019 年版，第 368 页。

领域，开发了一系列智能应用场景，基本实现了对城市管理重点、难点问题的全覆盖。比如，针对高龄独居老人因忘关燃气引发的火灾隐患问题，全面推进高龄独居老人家庭安装烟感、气感、一键报警等物联感知设备，并接入各街镇城运分中心，并结合社区志愿服务体系，及时发现和处置隐患。

三是强化部门协同处置能力，构建高效能发现和处置体系①。在传统的城市管理中，发现问题主要靠人力巡查或媒体、市民反映情况。依托"一网统管"平台，浦东通过监控图像分析、语音语义分析、多维数据模型等方式，实现问题智能抓取、研判和预警，极大提升了发现能力。比如，针对克隆出租车问题，浦东城运中心和公安部门运用图像识别技术和运行数据模型，一旦发现同一时间在不同地点出现同一号牌车辆，系统便自动报警，并瞬时推送给交管和城管部门处置。针对部门衔接不畅、联动处置不充分问题，浦东城运中心依托城市大脑，实行问题线索、管理提示、工作成效等双告知、双反馈、双公示，提升了部门协同处置效能。比如渣土车治理，按照过去职责分工，建交委管工地、交警管渣土车交通违法、环保局管运输企业、城管管渣土车偷倒乱倒，部门各自为战。现在依托"城市大脑"实行审批、运输、违法信息推送共享，各部门齐抓共管，对提升治理效率作用明显。过去靠现场开单处罚，现在只需"两张照片、一段视频、一条轨迹"，便可通知违规企业到城管部门领罚，效率显著提升。

尤其值得一提的是，自 2020 年下半年以来，浦东新区加快推进经济

---

① 参见《上海浦东新区城市管理精细化的探索》，载中共中央组织部编：《贯彻落实习近平新时代中国特色社会主义思想在改革发展稳定中攻坚克难案例—社会建设》，党建读物出版社 2019 年版，第 377 页。

治理、社会治理、城市治理统筹推进和有机衔接，按照"同一类对象管理向一个应用场景集成"的原则，对三大治理平台进行全领域整合集成，形成了复制推广"1+3+7"清单，即1个总体方案、3套制度规范、首批7个群众需求强烈的民生类治理场景①。2020年12月已启动升级版浦东城市大脑试运行。2021年4月，在整合集成之前经济治理104个场景、城市治理50个场景和社会治理11个场景的基础上，又推出了57个整合场景，充分体现了从以部门为中心向以服务对象为中心的转变。以养老行业监管场景为例，浦东共梳理出38个治理要素，其中，城市治理分成场所、设备等要素，经济治理分成人员、资金、经营等要素，社会治理分成信访舆情、独居老人紧急救助等要素，充分覆盖了各类问题，以需求为导向推动各方治理职责全覆盖衔接。

（二）聚焦"三个美丽"常抓不懈，推动城市精细化管理不断取得实效

2018年起，浦东新区成立由区委、区政府主要领导担任"双组长"的城市管理精细化工作推进领导小组，发布《浦东新区加强城市管理精细化工作三年行动计划（2018—2020年）》，综合运用法治化、标准化、智能化、社会化（四化）手段，努力实现精细化管理的全覆盖、全过程、全天候（三全），统筹推进"美丽街区""美丽家园""美丽乡村"建设，并明确14大类47小类工作任务。行动计划实施三年来，取得了积极成效，市容

---

① 参见王延:《加快构建"三大治理"统筹推进和有机衔接的治理体系，浦东形成可复制推广"1+3+7"清单》,《浦东时报》2021年5月6日。这里，1个总体方案即全面推进三大治理平台深化整合的工作方案;3套制度规范，包括经济治理领域的"六个双"和"四个监管"制度规范、社会治理领域的"家门口"服务规范、城市治理领域的"城市大脑"3.0设计标准;7个治理场景，包括物业管理、垃圾分类、医疗机构、养老服务、智慧气象、渣土治理和群租治理。

市貌进一步改善，受到市民和社会的良好评价。

一是创建"美丽街区"，提升市容环境品质。浦东新区积极推进 42 个"美丽街区"示范创建，加快推进道路架空线入地和合杆整治，基本消除占道经营性亭棚，开展重点区域建筑外立面色彩美化和空调外机设置整治，拆除了一大批不符合规范要求的屋顶招牌、大型侧招及其他存在安全隐患和违规设置的户外招牌设施。实现黄浦江沿岸景观灯光一期、二期提升，完成 23.8 公里已贯通段（金桥路—徐浦大桥）公共区域景观灯光提升建设，打造滨江地区绚丽多彩的夜景名片。积极探索城市公共空间微更新，推进 6 座街心公园（口袋公园）建设，建成 317 个缤纷社区项目，一批老旧的社区公共空间和闲置空间得到更新改善，获得首届上海城市治理最佳实践案例评选的"最佳实践案例奖"。

二是建设"美丽家园"，提升居民小区服务能级。积极推进居民住宅房屋安全管理，对 40 个老旧小区和 30 栋高层住宅消防设施设备进行改造更新，对 220 台存在安全隐患的电梯进行更新改造，完成 1097 处住宅外挂结构及附属设施安全隐患消除和 593 个老旧小区安防监控系统改造更新。开展住宅小区综合治理，截至 2020 年 6 月，完成 480 万平方米旧住房改造，新建一批小区电动自行车充电设施，推进垃圾箱房（分类投放点）升级改造，使住宅小区的环境面貌进一步改善。此外，针对居民小区管理标准规范缺失问题，在全市率先出台了住宅小区机动车停放与精细化工作指引，推出住宅小区门卫室和物业服务窗口建设与服务标准。

三是打造"美丽乡村"，提升乡村宜居性。浦东结合郊区农村实际，把推进美丽庭院建设作为打造"美丽乡村"的抓手，截至 2020 年 6 月，全区 341 个行政村全面完成"达标型"美丽庭院创建，其中，157 个村、24 个村分别完成了提升型和特色型创建。同时，加快推进浦东乡村公路升级改造，开展村宅主干道亮灯试点，针对部分脏乱差的村庄进行综合环境整治，使浦东乡村的环境面貌进一步改善。另外，依托"一网统管"数字化平台，探索建立农村长效管理机制，全面梳理了四大类、10 项、28 小项、95 个管理事部件，纳入浦东城市运行综合管理平台，并制定相应的考核办法，对于打造一体化城市运行管理格局起到了积极作用。

浦东加强城市精细化管理受到了各方面的好评。在国家统计局浦东调查队开展的浦东 2020 年度工作满意度调研中，浦东新区居民对城市管理绝大部分领域的评分都有不同程度提高，其中，对水环境治理、垃圾综合治理、市容市貌管理、住宅小区治理、农村环境提升、交通组织管理和施工组织管理等都给予了"比较好"的评价，反映出居民对浦东新区城市管理水平提升总体是认可的，市民满意度逐步提升。

三、以共建共治共享为核心，推动浦东超大城区社会治理创新不断取得新进展

近年来，浦东新区努力把握超大城区治理规律，坚持做强街镇、做优社区、做实基础、做活治理，持续深化基层社会治理创新，打造共建共治共享的治理格局，积极探索治理能力和水平快速提升的浦东样本，形成了许多特色做法和典型经验。

（一）大力强化基层街镇和社区治理能力

和上海其他区不同，浦东新区辖区面积大，行政区划面积 1210 平方公里，下辖 12 个街道、24 个镇。为破解快速城市化和大区域管理带来的诸多难题，浦东坚持"小政府、大社会"的治理理念，着力推进体制机制创新，实行重心下移、资源下沉，为基层治理赋权增能。

一是做实做强街镇管理服务资源。重点推行了两大改革举措。第一，

推进"1+6"体制改革 ①。为了解决基层社会管理和公共服务职能不到位、区域服务水平不平衡等问题，2015年，按照全市部署要求，浦东新区开展了加强基层基础建设、深化社会治理改革，使街道职能重点从具体招商事务回归到强化社区服务、指导自治组织等。在机构设置上，突出职能导向，分别为党政办公室、社区党建办公室、社区管理办公室、社区服务办公室、社区自治办公室、社区平安办公室等。第二，进一步下沉区域管理权 ②。2017年，按照"应放尽放、能放尽放"的原则，浦东新区将人事考核权、规划参与权、综合管理权、征得同意权等8个方面管理权下沉到镇，做实街镇层面公共服务、管理、安全职能，并实行"职责下沉准入"、基层约请职能部门等制度，努力破除基层推进社会治理的瓶颈。2021年，面对严峻复杂的疫情和经济形势，浦东新区贯彻上海市出台的《关于完善街道乡镇管理体制整合街道乡镇管理服务资源的实施意见》，聚焦减负增能赋权，将基层服务管理迫切需要且能够承接的审批服务、行政执法等权限赋予街镇，强化街镇公共服务、管理和安全等职能，构建权责清晰、充满活力的基层管理体制。

二是率先探索"镇管社区"模式。浦东新区一些快速城市化地区，大型居住社区面积大，人口导入数量多，社会治理任务繁重。为强化城市化进程中的大镇治理能力，2015年以来，浦东新区在规模较大的郊区快速城市化地区设置基本管理单元。目前全区共建立48个基本管理单元，运行

---

① "1+6"改革是2015年起上海开展的进一步加强基层基础建设、创新社会治理的这项改革的简称，"1"是《中共上海市委上海市政府关于进一步创新社会治理加强基层建设的意见》；"6"是涉及街道体制改革、居民区治理体系完善、村级治理体系完善、网格化管理、社会力量参与、社区工作者的6个配套文件。

② 参见浙江民政：《强基层绣针之功 筑大城善治之基——上海市浦东新区积极探索社区治理规范化精细化路径》，《澎湃新闻》2020年9月16日。

56 个镇管社区。镇管社区中的"社区"并非行政层级，而是在镇与居村委之间搭建的覆盖各居住区的综合管理平台和协商共治平台。在基本管理单元内，建立"两委一中心"即社区党委、社区委员会、社区中心，配置社区事务、社区卫生、社区文化等各类服务设施，落实相应的公安、城管执法、市场监管等管理执法力量。其中，社区党委是社区工作的领导核心，社区委员会是社区多元主体参与社区治理的平台，社区中心是各类服务和管理延伸到社区的平台，向社区居民提供多元生活服务。通过设立基本管理单元，浦东新区初步解决了在城市化快速推进情况下，大镇覆盖区域广与管理服务能力不足的矛盾。

（二）构建"家门口"服务体系[①②]

过去浦东基层服务还存在一些不到位的地方，街镇社区服务中心离居民尤其是农村居民较远，村居服务分散在各个条线。自 2017 年 5 月以来，浦东新区大力开展"家门口"服务体系建设，推动资源下沉到城乡社区。"家门口"服务体系不增加机构编制和人员，包括街镇中心、村居服务中心（站）、村宅延伸服务点等各级服务站点，为居民提供就近、便利的基本公共服务。在村居"家门口"服务中心（站），主要是做实"四站一室"，即党建服务站、市民事项受理服务站、文化服务站、联勤联动站及卫生室，通过自上而下的方式，将资源、服务、管理力量下沉到村居"家门口"，实现了生活小事不出村居、教育服务就在身边。经过几年来的努力，"家门口"服务体系已在所有 1300 多个村居实现全覆盖，基层治理服务环境格局焕然一新。通过这一载体，最大程度将村居干部的办公地转

---

① 参见浙江民政：《强基层绣针之功　筑大城善治之基——上海市浦东新区积极探索社区治理规范化精细化路径》，《澎湃新闻》2020 年 9 月 16 日。

② 刘靖北：《建在"家门口"的服务体系》，《光明日报》2020 年 5 月 15 日。

化为群众的活动地，服务空间比原来扩大了两三倍，彻底去除村居委会行政化色彩；通过统一规范"家门口"各类标识标牌，开展党群服务、政务服务、生活服务、健康服务、文化服务、法律服务、城市管理和公共安全等七大服务，让群众能够就近方便地找到服务站点。"家门口"服务体系真正成为党组织联系基层群众的枢纽，也为居民协商议事搭建了平台，受到居民的一致好评。

（三）完善社区自治共治格局 ①

社区是城市治理的细胞。近年来，浦东新区不断深化完善"两级政府、三级管理、四级网络"的管理体制，坚持民主协商和公众参与，引导市民群众自我管理、自我教育、自我服务和自我监督，构建共治共享的城市治理格局。一是积极推进居民自治。搭建居（村）委会自治平台，落实完善居（村）委会民主选举制度，切实加强居（村）委会自身建设，引导和支持居（村）委会在基层自治中发挥主要平台作用。2015 年起，浦东新区将始创于陆家嘴街道的"自治金"模式拓展到所有居民区，积极支持居民区自治项目建设和组织体系建设，不断提升居民自治水平。自 2017 年以来，浦东新区又结合"家门口"服务体系建设，出台了《居委会管理服务规范》，做实"三会一代理"制度，努力从制度规范入手将基层民主议事自治落到实处。二是搭建社区自治共治平台。以社区代表会议和社区委员会为载体，积极搭建社区共治平台，建立居民诉求表达、意见征询沟通和监督制度，让群众能够有效参与基层事务共同治理。在街道和"镇管社区"层面，浦东新区由社区党委牵头社区党建联席会，并由社区委员会牵头社区建设联席会，积极组织驻区单位共同参与共建共享。此外，浦东新

---

① 参见杨婷：《浦东社会治理创新的主要实践探索》，《社会治理》2020 年第 4 期。

区还探索通过"跨小区"的区域化共治，动员社区内居民、机关、企事业单位和社会组织共同参与社区治理，打破各个小区和单位的界限，打造富有活力的社区治理共同体。

（四）积极培育发展社会组织[①]

浦东社会组织建设起步较早，社会组织在承接政府职能转移、引导社会参与等方面发挥着重要作用，成为多元化社会治理的重要力量。目前，浦东全区社会组织总数达到 2288 个，约占全市总量的 1/7。浦东新区采取多种方式支持社会组织发展，在新区层面搭建浦东公益街、浦东公益园等社会组织孵化平台，在街镇层面建立了社会组织服务中心、社区社会组织联合会和社区公益基金会，在社区层面建立了洋泾"891 公益坊""浦兴大爱园"等一批社会组织园区，并出台了相应扶持政策，重点鼓励发展提供社区生活服务、促进基层治理和社区参与、满足文化体育需求、推动社区互助救助的四类社区社会组织。浦东新区积极推进政府购买服务，打造"公益活动月"品牌活动，各街镇也纷纷推出公益周、公益节等活动，引导社会组织参与社会治理，在社区服务、养老助困、青少年教育等诸多领域发挥了积极作用。

四、紧紧围绕突出民生问题，努力构建与浦东发展阶段相适应的公共服务体系

近年来，浦东新区着力构建大民生格局，更加注重普惠性、基础性、兜底性，在保障和改善基本民生的基础上，着力提高公共服务的均衡化、优质化水平，满足居民教育、卫生、养老、住房等多层次、多样化需求，

---

① 参见杨婷：《浦东社会治理创新的主要实践探索》，《社会治理》2020 年第 4 期。

人民群众的幸福感和获得感不断增强。

（一）基本实现社会事业"15分钟服务圈"全覆盖①

2017年4月，浦东新区着手布局社会事业"15分钟服务圈"，区委出台《关于加快推进社会事业"15分钟服务圈"建设的实施意见》，旨在完善基本公共服务资源的空间配置，为城乡居民提供更均衡、更便捷、更优质的公共服务。在具体做法上，浦东新区以社区为单位，以居（村）委为起点，在15分钟慢行可达范围内，配置教育、卫生、养老、文化及体育等社会事业5个领域、21项基本公共服务设施。在设施配置上，结合城市化地区、城镇化拓展区、远郊地区的人口密度分类和交通路网现状，一方面，根据人口总量有效供给，如每万人配建一所幼儿园，每2.5万人配建一所小学和一所初中，每30万—50万人配建一个区域医疗中心，每万人配一个公共运动场或健身步道等；另一方面，根据人口结构精准供给，通过分析人口的年龄、性别、学历等结构特征，适当调整不同类型公共服务设施的建设时序和供给比例。通过坚持不懈的努力，浦东新区2020年基本建成了社会事业"15分钟服务圈"，公共服务布局进一步加密和优化，2018年以来，教育、卫生、养老、文化、体育等5类公共服务设施量增加1116项，其中，学校增加53所，医疗机构增加51个，养老机构增加458个，体育场馆增加456个，文化场馆98个。

（二）就业服务和社会保障不断加强

一是就业形势总体平稳。在经济下行压力不断加强的情况下，实施积极的促进就业政策，浦东新区城镇登记失业人数始终控制在市下达指标

①　参见许素菲：《让群众拥有更多的获得感幸福感，"15分钟服务圈"实现全覆盖》，《浦东时报》2021年4月19日。

内，牢牢守住了"稳就业"底线。努力以创业带动就业，浦东新区成功创建"全国青年创新创业示范区"，帮助一大批创业青年实现事业梦想。实现离土农民就业服务全覆盖。二是社会保障体系不断健全。进一步拓宽医保覆盖面，将来沪从业人员和被征地人员纳入职工医保范畴，职工医保、城乡居民医保基本实现应保尽保，开展个人账户结余资金购买商业保险试点。异地就医门诊直接结算实现"应联尽联"全覆盖。做好被征地人员社会保障落实工作，原镇保人员平稳纳入职工基本养老保险体系，人均养老金从 1485 元 / 月提升到 2217 元 / 月。不断提高残疾人、孤儿和困境儿童等各类群体关爱保障水平，浦东在上海市社会救助绩效评价中连续三年取得全市第一。

（三）养老服务体系不断加强

在老龄化程度不断提高的背景下，浦东新区不断加大养老服务体系建设力度，形成居家养老、社区养老、机构养老服务协同互补的良好格局。居家养老在养老体系中占主导地位，同时，社区、养老服务加快发展，全区各类养老机构的养老床位超过 31529 张，约占户籍老龄人口的 3.1%；50 家综合为老服务中心实现 36 个街镇全覆盖，一批长者照护之家、老年人日间照料中心、老年人助餐点、农村养老睦邻互助点、家门口养老服务点相继建成，较好满足了养老服务需求。积极发展城区"嵌入式"养老和郊区"互助式"养老，老年宜居社区建设全面推进。在全市率先进行高龄老人护理保障计划试点，积极开展长期护理保险服务，截至 2020 年 12 月底，累计受理长护险申请 16.67 万人，组织评估 14.71 万人，接受服务 6.7 万人。

（四）高质量教育体系加快形成

基础教育供给规模不断扩大，截至 2020—2021 学年，浦东新区共有中学、小学、幼儿园、职业高中、工读和特殊教育学校等各类教育事业独立法人单位 639 所,在校学生 51.06 万人,教职工 49.44 万人,基础教育规模总量占全市四分之一。教育投入力度逐年加大,"十三五"期间教育经费投入从 127.87 亿元增长到 183.82 亿元,生均公用经费稳步提高。优质教育资源比例明显扩大,2020 年公办优质幼儿园占比上升至 80%;通过实施市、区两级初中强校工程,2020 年义务教育阶段新优质学校增加到 68 所,占全区公办学校比重达到 25%;在市、区两级实验性示范性高中就读学生比例进一步提高。公办学校覆盖率达到 85%,民办学校特色进一步凸显。高校与基础教育联合办学增加到 21 所,对提升基础教育质量发挥了积极的带动作用。

(五)卫生健康服务水平不断提高

浦东新区人均期望寿命、孕产妇死亡率、婴儿死亡率等三大健康指标均达到发达国家水平,其中户籍人口人均期望寿命达到 84.76 岁。目前,浦东新区共拥有 9 家市属三级医院、6 家区属三级医院、11 家二级医院、47 家社区卫生服务中心、125 个社区卫生服务站、336 个村卫生室,基本形成以市级医学中心为支撑、区级医院为骨干、基层卫生医疗机构为基础的多层次医疗服务体系。区域内共有 23 个国家级临床重点专科、11 个市级重中之重临床医学中心、10 个市级医学重点专科,高质量学科建设成果显著。近几年,上海肿瘤医院东院、东方医院新大楼等一批医疗设施投入使用,国家儿童医学中心、长征医院浦东新院、龙华医院浦东分院迁建、九院祝桥院区等市级优质医疗项目开工建设。医疗卫生体制改革深入推进,公立医院改革进一步深化,药品在市"阳光采购"平台全量线上采购,强化用药监测和合理用药考核,医疗卫生均衡、优质、可持续发展水平不断提高。

五、加快推进宜居城区建设，浦东生态环境质量和城市品质进一步提升 ①②

2000 年以来，浦东新区按照全市部署，滚动实施了七轮环保三年行动计划，全面加强环境保护和生态建设，一批突出环境问题得到解决，整体环境质量明显改善。近几年来，浦东新区进一步落实国家层面减污降碳总要求，聚焦大气、水、土壤、固废和生态建设等重点领域，打好污染防治攻坚战，加快推进生态环境治理体系和治理能力现代化，谱写了建设美丽城区新篇章。

（一）生态空间建设成效明显

近年来，浦东新区加快构建"一核、双环、三网、多点"的生态网络，以生态廊道、楔形绿地为重点提升生态品质，以高品质公共空间扮靓城市名片。目前，全区绿地总量达到 31748.93 公顷，建成区绿化覆盖率达到 40%，人均公园绿地达到 12.9 平方米，这在寸土寸金的浦东实属不易。目前，浦东新区城市公园达到 53 座，为改善休憩空间建设的口袋公园有近 50 个，此外，合庆郊野公园一期也已建成试运行。尤其值得一提的是，近年来浦东新区加快打造黄浦江世界级滨水区，下大力气推进东岸公共空间贯通 22 公里，并完成漫步道、跑步道、骑行道的全面贯通，实现还江于民；建成一批优美宜人的生态绿道，如环世纪公园绿道、张江浜绿道、金科路绿道、川杨河绿道等，"十三五"共建成绿道 113 公里；切实加强

---

① 参见《上海浦东新区生态文明建设历程与展望》，载生态环境部 https://baijiahao.baidu.com/s?id=1664575647668930813&wfr=spider&for=pc，2020 年 4 月 21 日。

② 《浦东绿林建设和水环境治理"十四五"规划出炉，朝"生态宜居"大步前行》，载上海浦东新区人民政府网 https://www.pudong.gov.cn/006012/20211210/89430.html，2021 年 3 月 5 日。

湿地保护，九段沙湿地国家级自然保护区的核心范围约 420 平方公里划入生态红线，保护力度进一步加大。

（二）整体环境质量显著改善

一是加强水环境治理。浦东新区水网密布，1.6 万多条大大小小的河道、湖泊串联着全区，确保水环境清洁十分重要。近年来，浦东新区加快推进污水处理设施建设，目前已建成城镇污水处理厂 4 座，污水总管 7 条、支线 70 条。全区设置区级、街镇级、村居级三级河长体系，坚持水岸联动治理。一方面，强化水体治理，通过疏浚底泥、新建护岸、水系沟通、种植绿化等，努力改善河网水质，另一方面，狠抓岸上截污，通过老旧小区污水治理、雨污水分流改造、农村生活污水治理、入河排放口监管、违法排污企业整治等多种方式，大幅度减少入河污染。目前，浦东新区已全面消除黑臭河道，基本消除劣 V 类水体，重要水功能区水质达标率达到 100%，744 个水质考核断面全部达标，初步实现"河畅水清景如画"的整治效果。

二是加强大气环境治理。2013 年按照全市统一部署，浦东新区开始实施第一轮清洁空气行动计划。2018 年起实施了第二轮清洁空气行动计划，聚焦能源、产业、交通、建设、农业、生活等六大领域，通过产业结构调整、能源结构优化、扬尘污染治理等一系列举措，促进空气质量状况持续改善。在能源领域，严控钢铁、石化工业用煤，加快淘汰燃煤电厂低效燃煤机组，完成一批中小燃油、燃气锅炉提标改造，提高天然气发电量占比。在产业领域，开展挥发性有机物（VOCs）专项治理，实施工业炉窑专项治理和钢铁行业超低排放改造。在交通领域，加强交通排放污染治理，全面供应符合国六标准的车用汽柴油，落实机动车排放检验与强制维护制度，加大老旧车淘汰力度。2019 年底，浦东空气质量指数（AQI）优良率 86.2%，其他污染物均达到相应国家环境空气二级标准。

三是加强固废治理。支持企业采用固体废物减量化工艺技术，持续开展塑料垃圾清理。全面推行生活垃圾分类，实现生活垃圾分类基本全覆盖，原生生活垃圾零填埋、生活垃圾无害化处理率均达到 100%，资源回收利用率达到 33.7%。加快环卫基础设施建设，围绕干垃圾处置相继建成御桥垃圾焚烧厂、黎明垃圾焚烧厂，围绕湿垃圾处置完成黎明有机质厂建设一期和扩建项目，建成 25 个湿垃圾就地处置点，处理能力约 200 吨 / 日，对浦东新区实现垃圾减量分类处理起到重要支撑作用。

四是推进土壤污染防治。尤其是把工业用地污染防治放在重要位置，开展重点行业、重点企业用地的土壤污染状况调查，加快建立土壤环境质量数据库，督促相关企业落实自行监测、隐患排查、污染整治等义务，并以整体转型区域为重点开展污染土壤治理修复。对于减量土地，根据地块实际情况，采取"宜农则农、宜林则林"的原则，逐步恢复生态功能。

（三）环境治理制度体系不断完善

实行最严格的源头保护制度和责任追究制度，完善环境治理和生态修复制度，努力用制度保护生态环境。一是落实环境保护和生态建设责任。全面落实环境保护"党政同责、一岗双责"的要求，全面强化职能部门主体责任和各街镇属地责任，加强监督考核和执纪问责，把环境管理责任落到实处。二是落实环境影响评价制度。严格执行"批项目、核总量"制度，全面开展产业园区规划环评，严格设定区域环境容量和排放总量，实行企事业单位污染物排放总量控制制度。加快环境污染监测体系建设，实现水环境、大气环境、声环境监测系统全覆盖，建成一批空气自动监测站点，完成重点监管废水企业排污口的在线监测系统安装，并实现联网监控。对造成生态环境损害的责任者严格实行赔偿制度。

第二节 浦东城市治理与引领区要求存在的落差

经过这些年不断推进，浦东初步构建起与超大型国际化城区相适应的城市治理体系，在不少方面形成了具有前沿性、创新性的突出成果。但同时也要看到，随着外部环境和自身发展阶段的新变化，当前浦东城市治理还存在诸多问题和不适应之处。中央要求浦东努力打造社会主义现代化建设引领区，给浦东城市治理提出了前所未有的更高要求，需要以更大的勇气和智慧加大城市治理创新力度。

一、面对新冠疫情长期化、超大城市各类风险交织等挑战，浦东城市安全防范应对压力不断上升，任务更加繁重

浦东作为超大型城区具有复杂系统特征，人口、经济要素、各类建筑和重要基础设施高度密集，且传统风险、转型风险和新的风险复杂交织，安全管控更加艰巨。一方面，公共卫生安全风险对城市治理形成重大挑战。当前尽管新冠疫情防控进入常态化，但浦东新区作为我国最重要的海空港口岸所在地，境外货物进口、人员入境数量巨大，人员国内外流动频繁，面临着多种传染病威胁并存、多种影响因素交织的复杂挑战，极大增加了突发公共卫生事件的风险，外防输入、内防反弹压力始终很大，迫切需要进一步提升公共卫生安全防控能力。另一方面，城市运行安全风险量大面广。浦东地处东海、杭州湾北岸，长江口、黄浦江的汇合处，在全球变暖的背景下，未来极端天气增多的趋势明显，据气象预测，未来20年强降水发生日数和强度都呈现增加趋势，台风登陆频繁且强度更大。随

着浦东城市建设加快推进，高层、超高层建筑和商业综合体不断增多，人口聚集流动性加大，大量长期高负荷使用的高层建筑、桥梁、地下管线等设施逐步老化进入风险高发期，各类风险隐患交织，应急管理难度增大。当前，面对复杂严峻的城市安全形势，浦东在建设符合超大型城区特点的应急治理体系方面还存在一定短板。一是城市安全统筹协作机制有待强化。应急管理的统筹协调能力不足，存在条块分割、资源整合不足、信息沟通不畅等问题，需要进一步在强化多部门高效协同机制上下功夫。风险防控能力不足，动态感知和监测预警能力有限，隐患排查治理不够深入。二是应急救援体系建设实效需要提升。一些应急预案流于形式，衔接性与精准性不高，接受实战检验不足。应急力量建设还存在短板，基层应急救援队伍相对薄弱，驻区部队、民兵队伍及社会救援力量尚未完全纳入区应急救援体系，亟须在应急综合救援体系实战化、精细化建设上持续下功夫。

二、当前经济下行压力加大，不确定性不稳定性增加，导致浦东财政增收和公共服务支出压力加大，并给促进就业和缩小收入分配差距带来一定挑战

未来一个时期，全球经济环境将更为严峻复杂，我国经济下行的压力进一步增大。浦东作为高度国际化的城区，外部经济环境的巨大变革和高度不确定性将给其经济带来更大的影响，由此产生一连串连锁反应和传导效应，给城市治理带来巨大挑战。一是财政收支压力加大，扩大公共服务支出面临困难。中国经济持续下行压力加大和减税降费深入推进，会对财政收入产生一定影响。从浦东新区情况看，财政收入经历多年高速增长后，亦呈现持续增速放缓态势，预计未来一个时期将持续低位运行，但财

政支出仍将保持较快增长，尤其是民生保障刚性支出加大，财政收支矛盾日益突出，一定程度上会影响民生和公共服务的可持续发展。二是经济下行导致就业压力加大。近年来随着国内外经济环境的变化和企业战略的调整，一些跨国公司逐步将劳动密集型环节向东南亚地区转移，并将部分核心业务回归本土，同时浦东加快产业结构转型升级步伐，这种结构调整和转换可能加剧结构性失业的压力，尤其是中低端群体的失业风险可能上升，需要予以高度重视。三是收入分配差距扩大，实现共同富裕难度上升。随着人口规模不断增大和人口结构日益多样，社会群体也将呈现多元化特征。浦东作为现代化大都市的发达城区，既有跨国公司和金融机构高管、民营企业家、专业机构人才等高收入阶层，又有普通蓝领、外来务工人员、出租车司机等中低收入阶层。在经济下行压力加大的背景下，未来浦东收入分配差距可能会有所拉大，相比全国其他地区来说，实现共同富裕目标的难度更大。四是民众预期不稳定，给城市治理带来复杂影响。由于经济增长的趋势性下滑、收入分配差距拉大等因素，使得部分民众的发展预期不足，焦虑、悲观情绪显现，获得感下降。比如，在居住方面，面对持续高企的房价，许多青年人靠薪资收入难以实现拥有一套住房的梦想，对自己社会地位评价呈下移趋势。这种预期的不稳定会使得人们产生焦虑不安、悲观失望的情绪。如果不加以有效引导，长期淤积的结果将给城市治理带来消极因素。

三、浦东"强政府、弱社会"现象仍在一定程度上存在，基层自治能力有待提升，社会组织发展尚需加强，多元共治局面仍未完全形成

政府、市场和社会清晰定位、良性互动，是城市治理良好运转的根本保障。从浦东新区看，尽管近年来在这方面取得很大进展，但政府仍然承担了大量可以由市场和社会组织承担的事务，直接影响了社会活力的释放。在一些领域中，政府大包大揽的思维惯性仍较明显，多元主体参与不足，与城市整体发展的要求不相适应。一方面，基层社区自治水平有待进一步提高①。浦东新区近年来不少街镇都涌现了一批居民自治的典型案例，但总体上制度化、规范化水平仍需提高，居民主动参与自治的氛围还未形成。目前，大部分居民区尚未形成清晰的自治事项清单，而且启动自治议程也比较复杂，导致在实践中居民参与公共事务远远不足。如在"美丽家园"建设中，一些社区钱没少花、活没少干，但由于没有充分征求居民意见，居民仍然不满意，甚至出现"干部拼命干、群众冷眼看"的尴尬。同时，居委会"行政化"倾向仍未完全消除。比如，虽然政府部门要求居委会盖章证明的情况已很少发生，但一些其他单位仍要求居委会盖章背书，如银行要居委会证明客户丢了存折、医院要居委会证明病人的家庭困难等。又如，为提升基层工作效率，上海已逐步推广电子台账，但部分单位在检查时仍要看纸质台账，导致居委会不得不准备纸质版、电子版两套台账，反而增加了负担，并且有的平台信息不能共享，存在重复录入现象。另一方面，社会组织发育仍然较为薄弱②。当前浦东新区社会结构日益多元、居民需求日益多样，仅靠政府力量难以满足，必须依靠社会组织共同参与。但是，目前社会组织普遍面临生存压力巨大、人才缺乏等问题，"小、散、弱"特点突出，难以真正成为提供多元化服务的有效主体。社

---

①　参见吴苏贵：《上海基层社会治理现状及未来发展思路》，《科学发展》2019 年第 11 期。

②　参见陶希东：《"十四五"时期上海超大城市社会治理：经验、问题与思路》，《科学发展》2020 年第 5 期。

会组织往往更多承接社区养老等公共服务，被动等待街道推出项目，而深入居民主动发现需求、推出创新项目的能力不足，对解决社区难点问题发挥的作用不够。同时，政府购买社会组织服务的竞争格局尚未完全形成，属地保护现象较为普遍，如在竞标中跨区域中标的社会组织比例偏低，不利于促进社会组织健康发展。

四、浦东城市精细化管理不断加强，但向纵深推进仍需加大，法治化、标准化、智能化、社会化程度尚待提高

近年来，浦东新区在加快推进城市精细化管理，改善市容市貌上取得了明显进展，但仍存在一些问题，如作为"牛鼻子"的"一网统管"数字化平台建设有待进一步深化，市容环境整治成果有待巩固和提升，与打造引领区的要求相比，尚未完全形成适应超大型国际化城区特点、达到中国典范高度的城市管理精细化体系，需要持续加大推进力度。一是"一网统管"数字化平台建设有待深化。"一网统管"平台坚持以数字化转型为牵引，目前体系架构已经确立，但适应数字化最新趋势的管理服务模式创新和业务流程再造有待深入。政府部门数据共享有待深化，各个业务系统还没有完全打通，数据汇聚和整合存在采集不规范、标准不统一、更新不及时等问题。各部门之间信息不能互联互通，有些部门难以通过其他委办获取数据，不得不向居委会下达任务重新统计，导致基层负担加重。城市治理场景建设尚需深化，对城市部件和城市动态等城市生命体征的掌握还不够，针对管理难点的场景开发数量和深度有待提升。二是城市精细化管理的长效机制有待进一步健全。对于城市管理中久治不愈的难点顽症，要求借鉴国际先进城市的做法，从体制、机制、政策等层面采取针对性措施。但是，在现行体制框架下，城市规划、建设、管理等各环节尚未形成有机

协同与贯通，综合执法与行业执法的关系仍需深入梳理。城市管理相关法规规章仍存在监管空白或已不适应新的要求，需要进一步修订完善。尽管城市管理标准规范不断健全，但编制水平与国际一流还存在不小差距，且建设标准与管理标准之间缺乏呼应衔接，部分管理标准存在一刀切现象，不能完全适应浦东区域差异大、情况多样的特点。三是城市管理与市民群众日益增长的需求仍有差距。城市管理与人民群众切实利益和直接感受密切相关，当前群众对城市管理要求已经不再满足于基本服务，而是要求更加良好的城市面貌和环境质量。对照这一要求，浦东新区在城市精细化管理上还存在差距。比如，在"三个美丽"推进中，从市容市貌角度出发的景观美化相对较多，集中整治行动比较多，但对功能性便民设施与环境建设的考虑有待加强，对长效管理机制的探索还不够，如缺乏适老设施改造和无障碍环境建设的系统规划，城市管理中的人文关怀尚需加强。又如，在公共交通方面，这些年有了很大进步，但同时市民群众的需求也在提高，不仅要求做到准时、便捷，还要提高舒适度。城市管理必须顺应市民呼声，在精细化和提高服务质量上下更大功夫。

五、浦东公共服务和治理的区域差距仍然较大，尤其是快速城市化地区和大市镇资源配置不足，一体化尚需深化

浦东新区面积较大，过去发展重心主要集中在北部尤其是陆家嘴、金桥、张江等地区，集聚了大量高端产业项目和优质公共服务资源。随着最近几年临港新片区加快建设，南部地区许多重量级项目和优质资源加快导入，面貌不断改善。但相比之下，其他地区公共服务和城市治理资源存在较大差距，尤其是在人口大量集聚的快速城市化地区和大市镇表现最为明显，亟待加大均衡化发展力度。一方面，城市治理力量配置区域不平衡问题突出。浦东新区发达区域与郊区力量配备不平衡，郊区一线普遍缺乏管理执法力量，无法满足实有人口的治理需求。虽然近年来推行了镇管社区，通过设立基本管理单元，加强城郊接合部大型居住区的管理。但随着人口的快速导入，原有管理力量明显捉襟见肘，尤其是公安、城管力量更显不足，易于造成突出问题回潮。如有的大型居住区已入住五六万人，但仅实配公务员和社工十余人，公安和城管队伍配备也远远不足，难以应对巨大的管理压力。另一方面，公共服务的区域差距较大。目前浦东新区基本公共服务的公平性有待改善，优质服务资源主要集中在北部，还存在较为明显的城乡差别、区域差距问题。以基本公共卫生服务为例，北部和中部每千人拥有的医疗机构床位数和技术人员数差距很大，中部几个镇居民群众要看病需要花费较多时间往返奔波。部分基本公共服务的可及性也有待增强，如郊区大市镇的公共服务覆盖半径还相对过大，与城乡一体化的要求不相适应。

六、碳达峰碳中和战略给浦东低碳绿色发展提出更高要求，需要进一步加大推进力度

我国已向国际社会庄严承诺，将全面加大低碳发展力度，二氧化碳排放力争于 2030 年前达到峰值，努力争取 2060 年前实现碳中和。上海正在制定全市碳排放达峰行动计划，着力推动电力、钢铁、化工等重点领域和重点用能单位节能降碳，确保在 2025 年前实现碳排放达峰比全国目标提前 5 年。这些都对浦东新区加快推进绿色低碳转型提出了更高要求，要求浦东新区率先在低碳发展、节能降耗上取得更大突破。但是，从浦东新区现状看，如期实现碳达峰的任务还十分繁重。尤其是目前碳排放总量大、强度高，低碳转型任重道远。从能源品种看，目前碳排放主要来自煤炭和

石油消耗，合计占比在 80% 左右，其中石化、航空、水运等行业碳排放量占了较大比重。并且受资源禀赋的限制，浦东乃至上海在能源结构调整上受到诸多制约，风电、光伏发电自然条件不占优势，场址紧缺，开发成本较高，这些都对本地可再生能源的规模化发展造成了制约。除此以外，污染减排压力也较为突出，目前主要污染物排放总量仍维持高位水平，交通需求刚性增长导致移动源污染物排放占比持续走高，以 $PM_{2.5}$ 和臭氧为代表的复合型污染特征明显，大气主要污染物因子处于临界超标水平，部分河道在雨季存在局部性、间歇性水质反复。这些都要求浦东新区在未来一个时期全面加大低碳绿色发展力度，持续推动节能减排降碳取得显著进展。

第三节　进一步提升浦东城市治理现代化水平的思路和举措

一、总体思考

党的二十大报告指出："我们要实现好、维护好、发展好最广大人民根本利益，紧紧抓住人民最关心最直接最现实的利益问题，坚持尽力而为、量力而行，深入群众、深入基层，采取更多惠民生、暖民心举措，着力解决好人民群众急难愁盼问题，健全基本公共服务体系，提高公共服务水平，增强均衡性和可及性，扎实推进共同富裕。"习近平总书记在上海调研时指出，人民城市人民建、人民城市为人民，城市是人集中生活的地方，必须把让人民宜居安居放在首位。浦东新区要立足自身实际，充分发挥党建在城市治理中的核心作用，全面推动治理手段、治理模式、治理理念创新，率先推进经济治理、社会治理、城市治理统筹推进和有机衔接，努力构建系统完备、科学规范、运行有效的城市治理体系，进一步提升治理科学化、精细化、智能化水平，把城市建设成为人与人、人与自然和谐共生的美丽家园，探索具有中国特色、体现时代特征、彰显我国社会主义制度优势的超大城市发展之路，打造宜居宜业的城市治理样板。力争到2035年，浦东新区全面实现现代化治理，到2050年成为城市治理能力和治理成效的全球典范。

一是切实强化党建核心引领功能。创新浦东新区城市治理，必须把坚持正确政治方向放在首位，始终把党的领导贯穿于城市治理的全过程、各方面。要紧盯城市治理的薄弱环节和空白地带，纵向延伸党的组织和工作触角，横向强化街镇、社区和新兴领域党建融合，构建纵向到底、横向到边的城市治理组织体系，形成统筹联动、融合共享的良好格局。要紧紧围绕市民群众需求开展党建工作，让城市治理推进基层党建，基层党建引领城市治理，在基层治理、公共服务、智慧治理、生态治理等各个领域充分体现党建引领带动作用，让党组织的影响力不断深入人心。

二是坚持以人民为中心的治理理念，着力打造城市治理的典范样板。推进城市治理，根本目的是提升人民群众获得感、幸福感、安全感。浦东新区要深入贯彻以人民为中心的理念，把让人民宜居安居放在首位，把最好的资源留给人民，坚持共同富裕方向，着力创新城市治理、优化公共服务，深入推进美丽街区、美丽家园、美丽乡村建设，把服务管理的触角延伸到每一个角落，努力打造精细化、极致化、有温度的超大城区治理样本。坚持不懈抓好疫情防控，健全公共卫生应急管理体系，全方位全周期保障人民健康。

　　三是以数字化再造集成治理平台，大力加强经济治理、社会治理、城市治理统筹推进和有机衔接。浦东新区作为超大型城区，各类要素高度集聚，具有复杂巨系统特征，必须充分运用数字化方式，推动城市治理创新。要依托城市运行"一网统管"平台建设，坚持"同一类对象管理向一个应用场景集成"的原则，对经济治理、社会治理、城市治理三大治理平台进行全领域整合集成，尤其是聚焦公共安全、规划建设、市场监管、网格化管理、交通管理、生态环境等重点领域，推进跨部门、跨层级业务流程系统重构，实现态势全面感知、趋势智能研判、资源统筹调度，推动城市治理模式创新和治理体系重构，打造科学化、精细化、智能化的超大城市"数治"新范式，在全国发挥引领示范效应。

　　四是构建高水平公共服务体系，着力解决人民群众最关心最直接最现实的利益问题。随着我国进入新发展阶段，加快构建更高水平的小康社会，人民群众对美好生活的期待不断提升。浦东新区应率先构建高水平公共服务体系，着眼于满足人民群众的多元化、多层次需求，在提供普惠化基本公共服务基础上，进一步增加高品质的教育、医疗、养老、文化等优质资源供给。围绕打造满足品质生活的服务体系，提升社区综合管理服务能力，做优自治共治平台，做强"家门口"服务体系，深化15分钟生活圈建设，激活基层社区每一个细胞，进一步提高公共服务均衡化、优质化水平。

　　五是更加注重低碳绿色发展，建设人与自然和谐共生的美丽家园。这是浦东新区进入更高阶段发展的内在要求，也是城市治理现代化的应有之义。浦东新区要把全生命周期管理理念贯穿城市规划、建设、管理的全过程和各环节，充分发挥空间布局对城市发展的导向作用，统筹城市有机更新和历史风貌保护，努力构建和谐优美生态环境，打造生产、生活、生态相互融合的新空间。要积极践行低碳城市理念，实施最严格的生态保护制度，持续推进生态环境整治，全面提升生态环境品质，使绿色成为城市发展最动人的底色，使低碳生产生活方式更加深入人心，天更蓝、地更绿、水更清、环境更优美，浦东成为人人向往的生态宜居典范城区。

二、引领区背景下进一步提升浦东城市治理现代化水平的对策建议

（一）在更高层次推进浦东城市治理体系创新，探索打造与超大城区相适应的城市治理样板

1. 构建精准高效的城市安全风险防范和应对体系 ①②③

面对突发疫情风险和自然灾害、安全生产、城市运行等各类风险，必须秉持生命至上、安全第一的思想，推进浦东应急管理体系和治理能力现代化，提升突发事件处置能力，守牢城市安全底线。

首先，进一步健全完善应急管理体系。在横向层面明确应急管理委员会、自然灾害防治委员会、安全生产委员会等区级议事协调机构设置，在纵向层面健全分类管理、分级负责、属地为主的立体化应急管理组织体系，推进市、区、街镇、居村的应急管理工作纵向贯通，切实履行安全生产、消防安全、防灾减灾、指挥协调等职能。在总结已有经验和不足的基础上，进一步加强应急预案体系建设，并加强预案实战演练和分析评估，

①《上海市应急管理"十四五"规划》，载上海市人民政府网 https://www.shanghai.gov.cn/nw12344/20210816/7c35057f10ff46a1a47f1be37e1a01f9.html，2021 年 7 月 20 日。
②《浦东新区城市公共安全及应急管理"十四五"规划》，载上海浦东新区人民政府网 https://www.pudong.gov.cn/azt_fzgh/20220109/490023.html，2021 年 9 月 1 日。
③《上海市卫生健康发展"十四五"规划》，载上海浦东新区人民政府网 https://www.shanghai.gov.cn/nw12344/20210715/21c1fee939b54571a2de2ed390af4060.html，2021 年 7 月 5 日。

提升演练质量和实效。强化区域性突发公共卫生和灾害事故联防联控，完善突发性传染病、危险化学品运输联合管控、防汛防台、重特大事故灾害信息共享等机制。

其次，切实加强各类重大风险防范化解。针对风险多发易发的重点领域，加大突发传染病、自然灾害、危险化学品、消防安全、建筑施工、市政设施等风险防范化解力度。强化公共卫生监测预警与快速响应能力，以突发传染病、食源性疾病、不明原因疾病为重点，及时评估公共卫生安全风险，健全重大疫情救治体系，实施分级分类防控。深入开展自然灾害风险普查，充分运用最新科技手段开展精准监测，强化灾害防治装备设施建设，提升模拟仿真、预报预测、应急抢险等水平。强化危险化学品源头管控，严格实施危险化学品生产、储存企业总量控制，科学合理布点企业，推进危险化学品全环节信息监管，消除监管漏洞和盲区，提高产业本质安全度。狠抓消防安全，针对大型商业综合体、高层建筑、农村自建出租房等风险单元加强综合治理，落实单位消防安全主体责任。加强交通安全整治，开展道路交通、水上旅游、危险货物运输、港口运营安全等整治，建立水上联动搜救机制，推动卫星通信等新技术在水上搜救中的应用。强化市政设施安全管理，提升城市低洼地段、下立交、行洪河道等排水管理水平，加大燃气地下隐患管网和老旧住宅燃气立管更新改造力度，定期开展道路、桥梁桥孔、铁路道口安全评估，消除安全隐患。

最后，强化应急综合救援体系建设。针对公共卫生事件的特点，建立健全分级分层分流的重大疫情救治体系，优化传染病救治资源布局，加强传染病医院、综合性医院和儿科、妇产科、精神科等专科医院传染病区建设，并在公立医院推进隔离留观床位建设，健全院前急救转运体系。针对其他突发公共事件的特点，明确城运中心、应急联动中心在应急救援中的职责，加强以国家综合性消防救援队伍为主力、军队应急力量为突击、专业应急力量为协同、社会应急力量为辅助的应急救援力量体系建设，建立多部门参与的救援队伍协同机制。

2. 进一步发挥科技在浦东城市治理体系中的作用 [①][②]

从浦东实际出发，坚持需求导向、问题导向，充分依托"一网统管"数字化平台，运用最新科技推动治理手段、治理模式、治理理念创新，深入推进经济治理、社会治理、城市治理统筹和有机衔接，打造超大型城区治理的样板。

首先，进一步突出数据驱动治理。广泛应用最新信息技术，支持下一代信息通信等新技术在城市数字化转型中先试先用，加强关键技术研发和功能型平台建设，加大支撑城市治理的数字化应用力度。以城市治理与民生服务为导向，系统性优化数据采集、协同、共享、应用等各个环节，推动公共数据在更大范围、更深层次共享。加快打造万物互联的数字底座，将地理空间、建筑结构、生态环境、车辆状态、人员活动、设施运行等各类数据纳入，科学部署视频图像和监测传感等感知终端，制定统一的数据标准、接口规范和调用规则，进一步提高数据汇聚质量。研究建立数据要素市场，健全数据要素确权、生产、流通、应用机制，构建富有活力的数据运营服务生态，最大化发掘数据价值。

其次，进一步突出需求牵引治理。"一网统管"的根本目的是服务实战，要坚持任务驱动，优先推进事关城市安全有序运行、市民群众急需项

---

① 参见上海市政协法制委：《政协聚力助推"一网统管"：超大城市治理现代化"上海方案"》，《澎湃新闻》2020 年 7 月 3 日。

② 《关于全面推进上海城市数字化转型的意见》，载中共中央网络安全和信息化委员会办公室 http://www.cac.gov.cn/2021-01/08/c_1611676479346954.htm，2021 年 1 月 8 日。

目的实战应用，并结合实践检验和发现的问题，持续进行优化改进。为此，应进一步聚焦公共安全、规划建设、市容环境、交通管理、市场监管、环境保护等重点领域需求，以"高效处置一件事"为目标，加强经济治理、社会治理、城市治理统筹衔接，实现态势全面感知、风险监测预警、资源统筹调度，加强数据共享应用。鼓励各部门及街镇结合自身实际，开发出现频次高、提升潜力大的应用场景，提升线上线下协同的精准治理能力，并通过"一网统管"平台将典型应用场景向全市推广。

再次，进一步加大基层赋能力度。在推进"一网统管"中，绝大多数事项需在基层一线处置，切实为基层增能减负至关重要。要深入挖掘、主动发现基层一线的问题需求，以线下问题需求牵引线上智能化系统建设，以线上智能化管理倒逼线下业务流程优化和管理创新，形成线上线下有机联动的良好格局。全面建成街镇城市运行中心并实体化运作，适时建立专业部门分中心、大居等特定区域分中心。以街镇城运中心为载体，全面整合街镇现有管理力量，并探索加强条条协同、条块联动和政社互动，实现城运网格、警务网格与综治网格的"多格合一"，构建大联勤大联动机制，形成城市运行管理长效机制。针对城市治理中的跨部门、跨领域突出问题，进一步加强街镇相关部门协同整治，提升高效协同治理能力。

最后，进一步扩大社会参与治理。目前，除政府部门数据以外，企业、社会组织等各方也拥有不少数据，如各单位配置的摄像头等智能化终端掌握了大量数据，这些数据对于城市治理大有裨益。浦东新区应广泛动员企业、社会组织等参与"一网统管"，探索公共数据和社会数据的融合应用，通过维度更广泛、覆盖面更大的外部数据弥补政府资源不足。可探索将各居住小区、商务楼宇、产业园区的物业服务公司逐步纳入响应终端，在街镇城运中心统一调度下加强协同。"一网统管"平台运行产生的公共数据，有条件的应尽可能向社会开放，让社会力量参与公共数据开发利用，从而催生出更多创新案例，更好地为城市运行和市民生活服务。

3. 聚焦突出问题加大浦东城市精细化管理力度

坚持以人民为中心的城市治理理念，对标国际典范城区，深入推进城市管理精细化，努力打造数字治理的智慧城区、美丽舒适的活力城区、绿色生态的魅力城区、精致宜人的幸福城区。

首先，进一步聚焦美丽家园、美丽街区、美丽乡村，加大升级优化力度。在"美丽家园"方面，深入推进老旧小区和公共绿地、花园、健身点适老化改造，增加儿童友好活动空间，营造社区微生态环境；推进老旧小区、高层住宅消防设备改造更新，消除住宅外挂结构及附属设施、老旧小区电梯等安全隐患，逐步建立相关设施的电子建档、智能报警、巡查保养、定期抽查制度。在"美丽街区"方面，在巩固重点区域环境治理成果基础上，围绕市民使用率更高的背街小巷、公共设施开展微更新，尤其是结合老年人、儿童、残疾人等群体需求，进一步优化设施建设，让城市更加温馨。比如，针对老年人买菜需求，优化"买菜道"改造，增加休憩、无障碍、应急报警等设施；针对上学儿童需求，开展"上学道"微更新，加强上下学时段的人流、车流与停车管理；针对上班族需求，开展"上班道"微更新与管理，优化人流、车流与停车管理，提供较好的遮阴挡风环境。在"美丽乡村"方面，围绕丰富村民生活、提升农村文明水平，进一步彰显乡村的生态功能，加强核心区域风貌保护，提升农村环境管理精细化水平。

其次，进一步聚焦浦东新区若干重点特色区域，开展城市精细化管理示范行动。比如，在陆家嘴—前滩—世博中央活动区，有针对性地建立公共空间管理细则，覆盖游客大客流管理、旅游大巴驻停管理、外卖车辆行驶、早晚高峰期人流疏导等问题。在"金色中环发展带"，进一步优化重点地块绿道等公共空间网络，通过定时定点特许经营引入周末、午间、夜间市集、白领才艺表演等活动，开展公共空间环境综合整治。在国际旅游度假区，巩固精细化管理成果，优化大客流停车保障措施，深化游客生活垃圾分类减量宣传，增加观光服务设施，营造良好的人文环境。在外高桥、洋山港区及周边地区，强化集装箱堆场及车辆管理，优化工人上下班出行环境，进一步体现以人为本理念。开展镇区环境整治达标行动，重点整治镇政府所在地、撤制镇区的市容环境脏乱差问题，尤其是针对乱搭建、乱占道、乱停车、乱张贴、乱扔垃圾等行为，加快建立长效机制。

4. 不断提升浦东超大城区基层社区治理和多元共治水平

坚持共建共治共享，持续推动城市治理的重心下移，鼓励和引导多元主体参与治理，筑牢超大城区治理的基础，着力构建活力和秩序有机统一的现代城市治理共同体。

首先，进一步强化基层社区治理能力。推动城市治理资源向基层下沉，强化社区治理服务功能，打通联系服务群众"最后一公里"。一方面，强化党在基层社区的组织优势。通过夯实基层党组织网络，推进党组织真正进入基层自治组织、进入基层最活跃领域，充分发挥党组织联系和组织群众的功能，在第一时间了解居民需求、掌握社区动态，更加充分地发挥基层党组织的组织与服务职能，形成基层党建引领下社区治理的制度性框架。在这个过程中，要更加注重加强楼组长（村民小组长）这一层级的自治网络建设，充分发挥其服务和联系群众的作用。另一方面，进一步强化居（村）委会自治功能。探索制定社区自治项目清单，明确哪些事务可以交由社区居民以自治形式解决，逐步提升居民参与自治的能力和水平。进一步完善民情恳谈、社区听证等对话机制，为居民表达利益诉求、形成公共议题创建常态化沟通渠道，形成社区治理的良性循环。持续推动社区增能减负，精简和优化需要社区协助的行政事项，同时加大对社区的支持力度，确保社区开展工作能够获得充足的配套支持。

其次，加大社会组织培育力度。社会组织充分发展是浦东新区构建多元共治的城市治理体系的重要支撑。针对社会组织培育不足、活力不充分的问题，要以培育枢纽型社会组织为重点，带动和孵化一批专业型社会组织，大力培养和扶持专业化、公益性基层社会组织，促使社会组织更好地融入社会治理实践，不断激发社会组织活力。深入梳理政府管理服务职能，不断扩大政府购买社会组织服务的范围和规模，建立规范高效的政府购买社会组织服务机制。针对健身、交友、儿童托管、亲子活动等居民突出诉求，鼓励工青妇等群团组织提供资源支持，打造居民喜闻乐见的品牌项目，以此为切入点提升群团组织的影响力、感召力。

（二）以更大力度构建高品质公共服务体系，顺应人民群众对美好生活的新期待

我国已全面建成小康社会，正在向新的更高目标迈进。浦东新区打造社会主义现代化建设引领区，需要在构建更高品质公共服务体系上下更大力气。一方面，要抓好基本民生，坚持尽力而为、量力而行，加强普惠性、基础性民生建设，提高服务的精准度和便利度；另一方面，大力推进公共服务高质量发展，从保障基本民生向高品质多样化升级，更好地满足人民群众日益增长的需求。

一是率先打造共同富裕的典范区域。我国社会主义建设的重要价值取向就是要逐步实现共同富裕，让人民群众共同分享改革发展的成果。浦东新区应当在这方面充分发挥引领带动作用。首先，共同富裕的前提是"做大蛋糕"。"做大蛋糕"是"分好蛋糕"的前提，共同富裕只有在经济高质量发展的条件下才能实现，而"分好蛋糕"反过来能凝聚多方力量，继续把财富总量做大。要坚持社会主义市场经济体制，努力培育更加活跃、更有创造力的市场主体，鼓励劳动、资本、技术、管理、数据等各种要素共同参与分配，壮大共同富裕的根基。其次，要把扩大中等收入群体作为重中之重。立足浦东新区实际，千方百计扩大中等收入群体，尤其是实行更加开放的人才政策，激发科研人员、高技能人才、小微创业者、高素质农民等各类群体活力，鼓励知识分子通过科技成果转化获取合理报酬，加大人力资本投入力度，拓宽技术工人的上升通道，保障不同群体的机会公平，推动更多收入群体迈入中等收入群体行列。最后，要完善再分配制度。充分发挥税收政策调节作用，合理调节过高收入。坚决遏制以权力和非市场因素获取收入，取缔非法收入。充分发挥第三次分配作用，鼓励引导企业家和高收入群体向上向善，积极参与慈善公益事业，并探索在相关制度安排上予以完善。

二是构建更高质量的就业和社会保障体系。一方面，实施更加积极的就业政策。鼓励创业带动就业，支持高校和科研院所专业技术人员离岗创业，引导高校毕业生、农民等回乡创业，积极扶持社区小微创业组织，开展创业大赛、创业服务展示交流等活动，营造良好的创业环境。加强对各类重点人群的就业援助，守好"稳就业"底线。针对加工密集型企业撤离带来的就业风险、互联网企业超时加班等问题，加强密切跟踪和妥善应对，完善群体性劳动纠纷预警机制，开展和谐劳动关系创建活动，妥善处理好促进企业发展和维护职工权益的关系。另一方面，织密多层次社会保障网络。在激烈的市场竞争中，周密的社会保障体系有助于给各类群体提供一张"安全网"，统筹处理好效率与公平的关系。浦东新区要稳步提高各类群体保障水平，建设与经济发展水平相适应、全面协调可持续的多层次社会保障体系，努力做到应保尽保。同时，扩大社会救助覆盖面，加大重点群体关爱力度，完善老人、残疾人等特殊群体的福利政策，强化困境儿童、孤残儿童的兜底保障，形成有梯度、全覆盖的社会救助体系。

三是打造养老服务体系典范[①]。积极应对人口老龄化、高龄化趋势，巩固完善居家养老、社区养老和机构养老相协调、医养康养相结合的养老服务体系，深化养老服务供给侧结构性改革，形成大城养老的"浦东样本"。一方面，加大社区养老服务网络建设力度。在城区重点发展"嵌入式"养老，在郊区重点发展"互助式"养老，提供健康养生、康复医疗、文体娱乐、精神慰藉等丰富多元的服务，确保社区养老服务方便可及，让老年人在家门口安享晚年。在社区打造一批与老年人日常生活密切相关的社区养老服务设施，建设融长者照护、日托、助餐等功能于一体的枢纽型社区养老服务综合体，为老年人提供方便温馨的服务。另一方面，推动养老服务产业发展。鼓励银发经济发展，坚持政府支持、社会运营、合理定价，积极培育一批在全市乃至全国有影响的养老服务品牌。推动智慧健康养老产业发展，促进信息技术在安全防护、照护服务、情感关爱等养老服务领域的应用。加强对养老服务机构在服务运营、医疗卫生、食品安全等环节的监督，依托大数据平台实现精准监管，提升行业规范化程度。

四是让每一个孩子都能享受公平而有质量的教育。当前我国基础教育事业正在经历一场深刻的变革，尤其是在义务教育招生考试、减轻中小学生课业负担等方面力度很大，根本目标是促进基础教育均衡优质发展，更好地提升育人质量。浦东新区应率先在教育改革发展上走在全国前列。首先，深入落实"双减"战略。立足百年大计，全面落实中央"双减"工作

---

① 《浦东新区民政事业发展"十四五"规划》，载上海浦东新区人民政府网 https://www.pudong.gov.cn/006021008/20220108/459412.html，2021 年 10 月 27 日。

部署，强化学校教育主阵地作用，规范民办教育发展，引导校外培训机构健康发展，促进学生德智体美劳全面发展，着力在激发学生创新能力和探索潜力上下功夫，培育具有国际视野和创新思维的未来人才。提高中小学生体质健康标准达标优良率。强化学生心理健康和挫折教育，培育健全人格。其次，推进基础教育均衡优质发展。采取集团化办学、引进优质学校开办分校与合作办学等方式，稳步推进资源布局均衡化，提高学区化、集团化、联盟化等办学程度，办好家门口的每一所学校，更好满足市民群众对优质教育的需求。促进高中教育多样化特色化发展，加快推进市实验性示范性高中和特色高中建设，提升高中办学品质和影响力。此外，打造幼有善育的布局体系。积极扩大普惠性学前教育，增加0—3岁托育机构数量，支持幼儿园开设3岁以下婴幼儿托班，进一步增加托育服务资源供给，争取实现1.5—3岁婴幼儿入托率达到50%的目标。

五是加快"健康浦东"建设。经过这些年加快推进，浦东新区医疗卫生资源不足的状况已极大缓解，但仍需持续深化推进。下一步，应优化浦东新区医疗资源的空间布局和梯度配置，进一步缩小与全市平均水平的差距。支持国家级、市级医学中心在浦东新区加大投入，持续引进市级优质医疗资源，扩建仁济医院、曙光医院等若干医疗机构，引进长征医院等优质医疗资源，加快建设国家儿童医学中心，充分发挥一流医疗机构在医学科技创新和人才培养方面的引领作用。做实以家庭医生为基础、区域医疗中心为支撑的分级诊疗格局，加强社区卫生服务中心建设。积极推进医疗服务对外开放，引进国际一流医疗资源，在浦东设立高端特色医院，并完善境外新药、医疗器械在境内使用的配套政策，更好地满足国际化浦东对先进医疗服务的需求。聚焦急需紧缺领域，加大优秀医学人才培养力度，培养和引进一批具有较强创新能力和实践操作能力的优秀医学人才，深入开展前沿临床医学、转化医学研究。

六是进一步深化推广"15 分钟服务圈"浦东模式。围绕教育、卫生、养老、文化、体育 5 大领域，强化以"人"为中心的设施便利化标准，创设一套适用于浦东实际的社会事业配置标准体系，为打造可复制推广的"浦东模式"奠定基础。对五大类社会事业配置标准进行优化完善的基础上，进一步向覆盖公园绿地、交通设施、社区商业、托育服务 4 类大民生的"15 分钟生活圈"拓展，形成 9 大领域的公共服务设施分层次配置清单。充分运用大数据等智能技术，精准分析不同人口密度和人口特征对资源配置的需求，促进各类公共服务资源共建共享、融合发展，逐步构建符合浦东经济社会发展水平的多层次公共服务供给体系。

（三）在更广领域推进浦东低碳绿色发展，构建双碳战略下的生态宜居城区

良好的生态环境是城市竞争力的重要体现，也是浦东打造社会主义现代化建设引领区的重要目标任务。浦东新区应牢固树立绿色低碳发展理念，积极回应市民群众对优美生态环境的期盼，加大节能降碳力度，推动环境治理从注重末端治理转向源头防控，努力打造生态宜居城区，使绿色成为城市最动人的底色、最温暖的亮色。

一是加大节能降耗减碳力度，2025 年率先实现碳达峰 [①]。我国庄严承诺 2030 年实现碳达峰、2060 年实现碳中和。浦东作为我国经济最发达的区域之一，应率先贯彻碳排放达峰要求，实施能源消费总量和强度双控，确保在 2025 年前实现碳排放达峰，单位生产总值能源消耗和二氧化碳排放降低完成国家下达目标。为此，应抓紧明确二氧化碳排放达峰目标、路

[①] 《上海市生态环境保护"十四五"规划》，载上海市人民政府网 https://www.shanghai. gov.cn/nw12344/20210818/fc1556f37984428a856b523aba5b6f21.html，2021 年 8 月 18 日。

线图和重点任务，前瞻谋划远期碳中和目标及实施路径。细化重点行业碳达峰方案和举措，推动电力、钢铁、化工等重点领域和重点单位节能降碳，制定分行业碳达峰方案。尤其是要大力调整优化能源消费结构，严格控制煤炭消费总量，实现重点企业煤炭消费量持续下降；加快实施清洁能源替代，推进上海 LNG 站线扩建以及沪苏、沪浙省际管网互联互通，进一步扩大风电装机规模，依托公共建筑、产业园区等实施分布式光伏发电。努力提高森林碳汇能力，支持火电、化工、钢铁等行业开展碳捕获、利用与封存技术研发与应用。同时，积极运用市场化机制推进节能减碳，深入开展合同能源管理，健全碳排放交易市场机制，培育碳金融等服务机构。

二是构建和谐优美的生态环境[①]。坚持绿色发展、生态优先，持续打好污染防治攻坚战，着力加大大气、水、土壤、固体废物和生态建设等污染治理力度，持续改善浦东整体环境质量，推进生态环境治理体系和治理能力现代化。首先，进一步加大环境污染防治力度。产业结构调整是治本之策，浦东新区应坚持不懈地推动重点产业结构调整，加快淘汰高能耗、高污染、高风险企业，从根本上减少污染物排放。与此同时，持续推进各类重点领域污染治理。大力推进水污染防治，补齐污水污泥基础设施能力短板，启动一批污水收集管网完善工程建设，强化入河排污口监管，逐步恢复水生态服务功能，形成"河畅、水清、岸绿、景美"的河网水系。深入推进清洁空气行动，强化 $PM_{2.5}$ 和臭氧污染协同控制，推进氮氧化物和挥发性有机物治理，加强机动车污染管控，深化扬尘污染控制，持续改善空气质量。进一步强化土壤污染治理，开展地下水污染风险防控和修复，

---

① 《浦东新区 2021—2023 年生态环境保护和建设三年行动计划》，载上海浦东新区人民政府网 https://www.pudong.gov.cn/006021008/20220108/459753.html，2021 年 10 月 27 日。

持续推进净土保卫战。其次，持续推进生态绿化建设。深化完善由郊野公园、城市公园、社区公园等为主体，口袋公园为补充的城乡公园体系，浦东中心城区基本实现公园绿地 500 米服务半径全覆盖。在建成区见缝插针开展绿化建设，推进既有单位的拆墙透绿和新建单位的绿化共享，加强社区精品绿化建设，打造四季有花、自然野趣的美丽浦东。绿地是"城市之肺"，要加强长江口、杭州湾北岸等区域新生湿地保育和生态修复，通过修复退化湿地、生物促淤滨海湿地等方式，努力扩大湿地面积。

三是打造具有时代特色的城市风貌。未来的浦东，应当成为一座更富人文底蕴与风貌特色的典范城区，向世界展示文化中国与现代化大都市的独特内涵。首先，进一步提升滨江区域景观品质[1]。浦东滨江地区应努力打造成世界级的滨水复合功能带和"世界会客厅"，成为上海全球城市核心功能的重要承载区和标志性的城市空间，实现从"工业锈带"向"创新秀带""生活秀带"的转变。在现有基础上，进一步推进滨水公共空间向南北延伸和纵深拓展，完成陆家嘴滨江绿地、前滩公园等区段改造提升，注重绿化景观的美学把握，为市民提供更多公共休闲空间。同时，以滨江工业遗存更新为重点，全面开展沿岸文化资源挖掘与活化，营造浓郁的人文氛围。其次，深入推进城市更新[2]。浦东开发已进入第 30 个年头，一些建筑设施逐渐进入更新改造期，同时城乡接合部和部分区域建设任务仍然繁重。要充分发挥空间布局对城市发展的导向作用，统筹城市有机更新和历史风貌保护，让浦东成为诗意栖居之地。在未来浦东城市发展中，应更加

---

[1] 《浦东沿江区域发展"十四五"规划》，载上海浦东新区人民政府网 https://www.pudong.gov.cn/zwgk/azt_zcfg/2022/286/30987.html，2022 年 3 月 24 日。

[2] 《中共上海市委关于厚植城市精神彰显城市品格全面提升上海城市软实力的意见》，载上海市人民政府网 https://www.shanghai.gov.cn/nw12344/20210628/11c22a0c594145c9981b56107e89a733.html，2021 年 6 月 28 日。

注重城市规划和设计引领，塑造充满人文情怀和靓丽特色的"城市表情"，强化开放式、小尺度理念，营造更多让人回味的独特意境。再次，加强历史风貌保护。充分挖掘和保护浦东各类历史文化资源，重视非物质文化遗产保护和传承，彰显历史文脉和地域特色。为此，应进一步加强历史文化名镇、村、传统村落及优秀历史建筑的保护，尤其是重点保护新场、川沙、高桥3个中国历史文化名镇，加强对大团镇、航头镇2个风貌特色镇的保护与管控。同时，严格保护中国传统村落沔青村，加强余姚村、洋溢村、邓三村、新北村等风貌特色村建设。

附件：浦东新区高水平改革开放建设评价指标体系构建

遵照习近平总书记在浦东开发开放 30 周年庆祝大会上的讲话精神，并根据《中共中央国务院关于支持浦东新区高水平改革开放打造社会主义现代化建设引领区的意见》（以下简称"意见"）的指导意见，本文构建了"浦东新区高水平改革开放建设评价指标体系"（后简称"指标"）。本"指标"根据"意见"中对浦东的战略定位，分别从"更高水平改革开放的开路先锋""自主创新发展的时代标杆""全球资源配置的功能高地""扩大国内需求的典范引领"和"现代城市治理的示范样板"五个维度出发，分别构造相关指标体系，在充分考虑数据的可得性、可比性、有效性和统一性的基础上，共选取 50 项二级定量指标，进行综合评价。

一、指标的选取

1. 关于更高水平改革开放开路先锋的度量指标体系

该指标体系对应的是"意见"中"加强改革系统集成，激活高质量发展新动力"（改革）和"推进高水平制度型开放，增创国际合作和竞争新优势"（开放）两方面的内容。其中，前者主要包括了"创新政府服务管理方式""强化竞争政策基础地位"和"健全要素市场一体化运行机制"三方面的内容，围绕"意见"中对上述三项内容的详细阐述，借鉴樊纲（1993）、盛洪（1994）、任保平和杨斐（2012）、陈钊等（2019）等的度量指标，后者我们则从自贸试验区建设推动的浦东改革开放和国际航运枢纽建设两个方面展开度量。基于上述内容，我们构造了上述五个方面的共计10项具体指标：

（1）更高水平改革开放制度建设指标1项完成计1分，按照进度0—1之间，其中"提出制度建设目标"计0.2分，展开前期研究并开始推进计0.2分，形成并公布实施"草案"计0.2分，进入后期完善阶段计0.2分，方案正式推出计0.2分

（2）市场准营承诺即入制行业覆盖率：根据"意见"细化中的制度创新内容，浦东新区将"探索试点商事登记确认制和市场准营承诺即入制"，因此，可以考虑以"市场准营承诺即入登记确认的企业数量／当期全部新注册企业数"进行计算，取值在0—1之间

（3）外商投资企业数量和质量增长：根据"意见"中"落实外商投资准入前国民待遇加负面清单管理制度"的要求确立该指标，计算公式为：

（当年外资企业数－基年外资企业数）／基年外资企业数

（4）混合所有制改革企业数量及股权占比：根据"意见"中"积极稳妥推进具备条件的国有企业混合所有制改革和整合重组"的要求制定本指标，计算公式为：

（混改企业数／全部国有企业数量＋国有企业证券化率）／2

（5）产业用地"标准化"和混合产业用地供给数量占比：根据"意见"中"深化产业用地'标准化'出让方式改革，增加混合产业用地供给"的要求制定本指标，计算公式为：

（产业用地"标准化"数量＋混合产业用地供给数量）／全部工地数量

（6）能耗强度（吨标准煤/万元 GDP）：根据"意见"中"实施以能耗强度为核心、能源消费总量保持适度弹性的用能控制制度"的要求制定本指标，计算公式为：

（当年吨标准煤/万元 GDP－基年吨标准煤/万元 GDP）/基年吨标准煤/万元 GDP

（7）数据交易额：根据"意见"中"建设国际数据港和数据交易所，推进数据权属界定、开放共享、交易流通、监督管理等标准制定和系统建设"的要求制定本指标，计算公式为：

（当年数据交易额－基年数据交易额）/基年数据交易额

（8）自贸试验区内产值及增速：计算公式为：

（当年进出口总额－基年进出口总额）/基年进出口总额

（9）临港片区内产值及增速：根据"意见"中"更好发挥中国（上海）自由贸易试验区及临港新片区'试验田'作用"的要求制定本指标，计算公式为：

（当年自贸试验区总产值－基年自贸试验区总产值）/基年自贸试验区总产值

（10）江海陆空铁综合运力和国际中转货运占比：根据"意见"中"强化上海港、浦东国际机场与长三角港口群、机场群一体化发展，加强江海陆空铁紧密衔接"的要求制定本指标，计算公式为：

（当年江海陆空铁综合运量－基年江海陆空铁综合运量）/基年江海陆空铁综合运量

和根据"意见"中"开展以洋山港为国际中转港的外贸集装箱沿海捎带业务"的要求制定本指标，计算公式为：

（当年国际中转货运量－基年国际中转货运量）/基年国际中转货运量

2. 关于创新发展的时代标杆的度量指标体系

该指标体系对应的是"意见"中"全力做强创新引擎，打造自主创新新高地"（改革）的内容。未来浦东将围绕世界科技前沿和我国经济主战场中的国家战略重大需求，在基础研究和应用基础研究和关键核心技术方面加快发展，为此，"意见"中将其分解为三项具体任务，我们也将围绕上述任务分别从关键技术和基础研发、高新技术产业集群和科技成果转化三个方面共 10 个指标进行度量：

（1）与创新相关的关键性制度建设：1 项完成计 1 分，按照进度 0—1 之间

（2）研发投入占比：度量研发创新的基础指标，计算公式为：

R&D 投入额 /GDP，取百分比

（3）科技创新重大科技基础设施（国家实验室、国家工程研究中心、国家技术创新中心、国家临床医学研究中心数量）：根据"意见"中"布局和建设一批国家工程研究中心、国家技术创新中心、国家临床医学研究中心等国家科技创新基地"的要求制定本指标，计算公式为：

（当年四类中心数量 – 基年四类中心数量）/ 基年四类中心数量

（4）科技创新重大科研成果（即国家重大科研成果和发明专利、PCT 专利数）：度量研发创新的重要参数之一，计算公式为：

（当年重大科研成果数量 – 基年重大科研成果数量）/ 基年重大科研成果数量

（5）关键领域核心环节生产研发的企业数量和产值：根据"意见"中"在浦东特定区域对符合条件的从事集成电路、人工智能、生物医药、民用航空等关键领域核心环节生产研发的企业"的要求制定本指标，计算公式为：

（当年关键产业生产研发企业产值 – 基年生产研发企业产值）/ 基年生产研发企业产值

（6）关键产业全球占比：当年关键产业产值／全球该类产业产值

（7）全球跨国公司总部经济数量：根据"意见"中"发展更高能级的总部经济"的要求制定本指标，计算公式为：

（当年总部经济数量－基年总部经济数量）／基年总部经济数量，取值基本上控制在0—1之间

（8）新型研发机构和专业化技术转移机构数量：根据"意见"中"支持新型研发机构"和"支持高校和科研院所建立专业化技术转移机构"的要求制定本指标，计算公式为：

（当年新型研发机构和专业化技术转移机构数量－基年新型研发机构和专业化技术转移机构数量）／基年新型研发机构和专业化技术转移机构数量

（9）科创板上市企业数量：根据"意见"中"支持浦东设立科创板拟上市企业知识产权服务站"的要求制定本指标，计算公式为：

（当年科创板上市企业数量－基年科创板上市企业数量）／基年科创板上市企业数量

（10）科技成果交易额：度量科技成果转化的重要参数之一，计算公式为：

（当年科技成果交易额－基年科技成果交易额）／基年科技成果交易额

3. 关于全球资源配置能力的度量指标体系

"意见"中主要是从全球资本配置能力的视角展开细化的，因此，该项目中主要围绕资本的国内配置即"完善金融市场体系、产品体系、机构体系、基础设施体系"和全球资本流动即"人民币离岸交易、跨境贸易结算和海外融资服务"两个方面展开，并以提升上海在全球资本市场上的定价能力，"更好服务和引领实体经济发展"为目标。从上述视角出发，我

们主要从以下三个方面 10 项指标来构造该方面的具体内容：

（1）全球资源配置的相关制度建设指标

（2）金融市场交易总额：度量金融市场建设的重要参数之一，计算公式为：

（当年金融市场交易额－基年金融市场交易额）/ 基年金融市场交易额

（3）金融市场外资占比：度量金融市场开放度的重要参数之一，计算公式为：

当年金融市场外资交易额 / 当年金融市场全部交易额

（4）外资金融机构占比：度量金融市场开放度的重要参数之一，计算公式为：

当年金融市场外资金融机构数量 / 当年金融市场全部金融机构数量

（5）合格境外机构投资者参与科创板股票交易机构数量和交易金额：根据"意见"中"试点允许合格境外机构投资者使用人民币参与科创板股票发行交易"的要求制定本指标，计算公式为：

合格境外机构投资者交易额 / 当年科创板交易额

（6）合格境外机构投资者参与中国债券市场交易机构数量和交易金额：根据"意见"中"加快推进包括银行间与交易所债券市场在内的中国债券市场统一对外开放"的要求制定本指标，计算公式为：

合格境外机构投资者交易额 / 当年银行间市场交易额

（7）大宗商品交易市场交易额：度量大宗商品交易市场活跃度的重要参数之一，计算公式为：

（当年大宗商品交易市场交易额－基年大宗商品交易市场交易额）/ 基年大宗商品交易市场交易额

（8）上海石油天然气交易中心交易额：度量石油天然气交易市场活跃

度的重要参数之一，计算公式为：

（当年石油天然气交易市场交易额 - 基年石油天然气交易市场交易额）/ 基年石油天然气交易市场交易额

（9）私募股权和创业投资基金机构数和投资额：度量私募投资活跃度的重要参数之一，计算公式为：

（当年私募投资额 - 基年私募投资额）/ 基年私募投资额

（10）金融科技机构数：度量金融科技机构活跃度的重要参数之一（以认定的金融科技机构为准），计算公式为：

（当年金融科技机构数量 - 基年金融科技机构数量）/ 基年金融科技机构数量

4. 关于国内需求的典范引领的度量指标体系

"意见"中主要是围绕"建设上海国际消费中心城市"的目标，以培育打响上海服务、上海制造、上海购物、上海文化、上海旅游品牌为抓手，通过高质量供给适应、引领、创造新需求实现浦东成为国内需求的典范引领，从"增加高品质商品和服务供给"和"培育绿色健康消费新模式"两个方面进行了阐释。基于此，我们同时借鉴了《上海市建设国际消费中心城市实施方案》（以下简称"方案"）中的相关内容，进而设计出以下 10 项具体指标：

（1）增加高品质商品和服务供给的制度建设指标：1 项完成计 1 分，按照进度 0—1 之间

（2）市级区级商圈销售额：根据"方案"要求，"建设具有全球影响力标志性商圈"和"小陆家嘴商圈打造高端商业商务集聚互动，文化体验、商务观光功能突出的世界级地标性综合商圈"设计指标，计算公式为：

（当年市级区级商圈销售额 - 基年市级区级商圈销售额）/ 基年市级区

级商圈销售额

（3）国际知名商业主体数量：根据"方案"要求，"建设浦东国际消费中心"和"吸引更多国际国内知名商业主体和消费品牌集聚浦东"设计指标，计算公式为：

（当年国内外知名商业主体数量－基年国内外知名商业主体数量）/基年国内外知名商业主体数量

（4）国际知名消费品牌（总部）数量：根据"方案"要求，"加快推进浦东'全球消费品牌集聚计划'，吸引更多国际国内知名商业主体和消费品牌集聚浦东"设计指标，计算公式为：

（当年国内外知名消费品牌数量－基年国内外知名消费品牌数量）/基年国内外知名消费品牌数量

（5）首店经济数量：据"方案"要求，"吸引高能级品牌首店、旗舰店、概念店入驻"设计指标，计算公式为：

（当年首店经济数量－基年首店经济数量）/基年首店经济数量

（6）免税商店数量：根据"方案"要求，"大力发展免退税经济"设计指标，计算公式为：

（当年免税店数量－基年免税店数量）/基年免税店数量

（7）新型消费场景应用落地、全场景体验中心或服务中心数量：根据"方案"要求，"为国际品牌打造全场景体验中心或服务中心创造条件"设计指标，计算公式为：

（新型消费场景应用落地、当年全场景体验中心或服务中心数量－基年全场景体验中心或服务中心数量）/基年全场景体验中心或服务中心数量

（8）养老托幼、家政服务、文化旅游等服务性消费机构数量：根据"意见"要求，"建立完善养老托幼、家政服务、文化旅游等服务性消费标

准体系"设计指标，计算公式为：

（当年服务性消费机构数量－基年服务性消费机构数量）/基年服务性消费机构数量

（9）（跨境）电子商务消费额：在线消费的重要度量指标之一，计算公式为：

（当年电子商务消费额－基年电子商务消费额）/基年电子商务消费额

（10）在线医疗、在线文体等线上消费或服务机构数量：根据"意见"要求，"充实丰富在线医疗、在线文体等线上消费业态"设计指标，计算公式为：

（当年在线服务机构数量－基年在线服务机构数量）/基年在线服务机构数量

5. 关于现代城市治理的示范样板的度量指标体系

"意见"中对现代城市治理的内容分为四个部分，即"城市治理体系""特色城市风貌""和谐优美生态环境"和"提升居民生活品质"，这实质上涉及城市治理的两个层面的含义，即城市地域空间治理层面的资本、土地、劳动力、生态等方面的可持续发展，主要是"特色城市风貌"和"和谐优美生态环境"的内容，此外就是社会控制和公共管理的概念，主要内容包括社会公共安全和秩序、社会保障和福利、社会公共服务、社会组织、社区管理和服务等。因此，我们主要从上述两个方面使用 10 个指标来构造相关度量指标：

（1）城市治理的相关制度建设指标：1 项完成计 1 分，按照进度 0—1 之间

（2）城市道路密度：度量城市交通的重要指标之一，计算公式为：城市道路长度/城市总面积，取增速作为变量，标准化 0—1 之间

（3）城市轨道交通长度：度量城市交通的重要指标之一，计算公式为：城市轨道交通长度/城市总面积，取增速作为变量，标准化 0—1 之间

（4）人均绿化面积：度量人居环境的重要指标之一，计算公式为：

总绿化面积/城市总人口，取增速作为变量，标准化 0—1 之间

（5）地下网管密度：度量人居环境的重要指标之一，计算公式为：

地下网管总长度/城市总面积，取增速作为变量，标准化 0—1 之间

（6）万人医生数病床数：度量医疗卫生状况的重要指标之一，计算公式为：

总床位数（张）/总人数（万人），取增速作为变量，标准化 0—1 之间

（7）师生比：度量教育状况的重要指标之一，计算公式为：

学生人数/教师人数，取增速作为变量，标准化 0—1 之间

（8）养老机构数量：度量社会化养老的重要指标之一，计算公式为：

（当年养老病床数 − 基年养老病床数）/基年养老病床数，标准化 0—1 之间

（9）文化娱乐设施数量：度量文化娱乐水平的重要指标之一，计算公式为：

（当年文化娱乐设施数量 − 基年文化娱乐设施数量）/基年文化娱乐设施数量，标准化 0—1 之间

（10）互联网（5G 网络）接入率：度量信息化的重要指标之一，一般指每百户互联网接入率

二、各级指标的赋权

1. 一级五大指标的赋权

指标的赋权一般需要按照各指标的重要性程度进行赋权，根据"意

见"中对相关指标的阐释顺序和内容梳理，"高水平改革开放、打造社会主义现代化建设引领区"是浦东新区未来建设的核心，创新发展是未来浦东新区转型升级迈向更高水平的重要驱动力，提升全球资源配置能力，在内外双循环的新发展格局中打造国内大循环中心节点和国内国际双循环战略链接，打造国际消费中心和宜居宜业的城市治理新样板。我们认为，根据"意见"内容要求，对五个方面平均赋权，每项一级指标权重均为20%。

2. 二级指标的赋权

所有二级指标事实上也是平均赋权，每项权重为2%。

3. 各级指标权重分布表

一级指标	二级指标	一级指标	二级指标
更高水平改革开放的开路先锋（20%）	制度建设指标（2%）	自主创新发展的时代标杆（20%）	制度建设指标（2%）
	市场准营承诺即入制行业覆盖率（2%）		研发投入占比（2%）
	外商投资企业数量增长（2%）		国家实验室、国家工程研究中心、国家技术创新中心、国家临床医学研究中心数量（2%）
	混合所有制改革企业占比及国企证券化率（2%）		国家重大科研成果数量（2%）
	产业用地"标准化"和混合产业用地供给数量占比（2%）		关键领域核心环节生产研发的企业产值（2%）
	能耗强度（吨标准煤/万元GDP）（2%）		总部经济数量（2%）
	数据交易额及增速（2%）		关键产业全球占比（2%）
	自贸区产值及增速（2%）		新型研发机构和专业化技术转移机构数量（2%）
	临港片区内产值及增速（2%）		科创板上市企业数量（2%）
	江海陆空铁综合运力（1%）		科技成果交易额（2%）
	国际中转货运占比（1%）		

附件：浦东新区高水平改革开放建设评价指标体系构建

一级指标	二级指标	一级指标	二级指标
全球资源配置的功能高地（20%）	制度建设指标（2%）	现代城市治理的示范样板（20%）	制度建设指标（2%）
	金融市场交易额（2%）		城市道路密度（2%）
	金融市场外资占比（2%）		城市轨道交通长度（2%）
	外资金融机构占比（2%）		人均绿化面积（2%）
	合格境外机构投资者参与科创板股票交易机构数量和交易金额（2%）		地下网管密度（2%）
	合格境外机构投资者参与中国债券市场交易机构数量和交易金额（2%）		万人医生数病床数（2%）
	大宗商品交易市场交易额（2%）		师生比（2%）
	上海石油天然气交易中心交易额（2%）		养老机构数量（2%）
	私募股权和创业投资基金机构数和投资额（2%）		文化娱乐设施数量（2%）
	金融科技机构数（2%）		互联网（5G网络）接入率（2%）
扩大国内需求的典范引领（20%）	制度建设指标（2%）		
	市级区级商圈销售额（2%）		
	国内外知名商业主体数量（2%）		
	国内外知名消费品牌（总部）数量（2%）		
	首店经济数量（2%）		
	免税商店数量（2%）		
	新型消费场景应用落地数量、全场景体验中心或服务中心数量（2%）		
	养老托幼、家政服务、文化旅游等服务性消费机构数量（2%）		
	（跨境）在线（电子）消费额（2%）		
	在线医疗、在线文体等线上消费或服务机构数量（2%）		

三、指标合成与基准年份的选择

1. 指标的合成

（1）综合指标的合成

整体的浦东新区高水平改革开放指标反映的是"更高水平改革开放的开路先锋""自主创新发展的时代标杆""全球资源配置的功能高地""扩大国内需求的典范引领"和"现代城市治理的示范样板"五个方面的综合水平，因此，其计算公式为：

浦东新区高水平改革开放综合指数＝各一级指标权重＊各一级指标综合指数

（2）一二级指标的合成

我们可以通过一二级指标合成指数对各指标进行分析，计算公式为：

五个一级综合指数＝各一级指标下二级指标权重＊各二级指标综合指数

2. 基准年份的选择

基于《中共中央国务院关于支持浦东新区高水平改革开放打造社会主义现代化建设引领区的意见》于 2021 年 7 月 5 日下发，浦东高水平改革开放打造社会主义现代化建设引领区就此展开，同时考虑到 2020 年"疫情"的特殊性，因此，建议以 2021 年作为指标体系的基准年份，并在系统梳理完成相关度量指标后，计算出 2021 年的浦东新区高水平改革开放打造社会主义现代化建设引领区综合指数，并将其确定为 100，后续年份计算的新的综合指数与之比较后，即能得出每年浦东新区在引领区建设中的进展情况。

参考文献

［印度］阿拉德纳·阿加瓦尔：《经济特区的演化：国际经验和教训》，载《中国经济特区研究》2015 年第 1 期。

郭朝先、刘芳：《"一带一路"产能合作新进展与高质量发展研究》，《社会科学文摘》2020 年第 8 期。

王素云、沈桂龙：《论国际贸易投资发展新动向下的海南自贸港建设》，《南海学刊》2019 年第 2 期。

薛荣久：《入世在中国改革开放中的意义、作用与维护》，《国际贸易问题》2018 年第 10 期。

张劲松：《后疫情时代抗疫常态化与经济社会发展》，《江汉论坛》2020 年第 8 期。

赵明亮、臧旭恒：《国际贸易新动能塑造与全球价值链重构》，《改革》2018 年第 7 期。

郭永泉：《中国自由贸易港建设和自由贸易试验区深化改革的策略研究》，《国际贸易》2018 年第 3 期。

王爱俭、方云龙：《双循环新发展格局视域下中国自由贸易试验区发展再定位——兼论中国经济高质量发展的自贸区改革路径》，《现代经济探讨》2021 年第 11 期。

王晓红：《建设更高水平开放型经济新体制》，《人民日报》2021年4月15日。

刘志彪、凌永辉：《打通双循环中供给侧的堵点：战略思路和关键举措》，《新疆师范大学学报》（哲学社会科学版）2021年第5期。

裴长洪：《中国特色开放型经济理论研究纲要》，《经济研究》2016年第4期。

黄群慧：《"双循环"新发展格局：深刻内涵、时代背景与形成建议》，《北京工业大学学报》（社会科学版）2021年第1期。

王文博：《我国高水平对外开放为全球经济注入新动能》，《经济参考报》2021年11月8日。

李灯强、管志鹏：《改革开放以来中国经济市场化与法治化互动的生成逻辑》，《江汉论坛》2021年第11期。

蒋天骄：《"深圳经验"背后的密码：以创新经验引领创新作为》，《金融博览》2021年第9期。

林捷兴：《深圳先行示范区建设创新举措和经验做法》，《深圳特区报》2021年8月18日。

西桂权、魏晨、付宏：《面向科技服务业的四螺旋协同创新发展模型研究》，《科技管理研究》2020年第23期。

陈曦：《全球科技创新格局变化与中国位势研究》，《经济研究参考》2020年第20期。

成协中：《优化营商环境的法治保障：现状、问题与展望》，《经贸法律评论》2020年第3期。

陈强、王浩、敦帅：《全球科技创新中心：演化路径、典型模式与经验启示》，《经济体制改革》2020年第3期。

王伟光、张钟元、侯军利：《创新价值链及其结构：一个理论框架》，《科技进步与对策》2019 年第 1 期。

韩寅：《技术创新的市场失灵机制以及政府作用》，《技术经济与管理研究》2015 年第 4 期。

曾国屏、苟尤钊、刘磊：《从"创新系统"到"创新生态系统"》，《科学学研究》2013 年第 1 期。

高小珣：《技术创新动因的"技术推动"与"需求拉动"争论》，《技术与创新管理》2011 年第 6 期。

李纪珍、邓衢文、高旭东、赫运涛：《系统失灵视角下的技术创新服务平台功能设计》，《科学学与科学技术管理》2010 年第 9 期。

李琳、刘立涛：《区域创新系统失灵的典型类型及差异化创新政策》，《社会科学家》2008 年第 1 期。

《产品分析报告——盒马鲜生的前世今生 | 人人都是产品经理》，http://www.woshipm.com/evaluating/4078571.html。

《发挥大平台大流量优势，打响"上海云购物"新品牌》，https://ishare.ifeng.com/c/s/7vuHQ13LB2K。

《光明日报》头版《关注上海：在线新经济托起新增量！》，https://mp.weixin.qq.com/s/tJngcNj6VeBB8uu9QgVS2A。

胡懿新：《"老字号"振兴需要新思维、新探索、新作为——访上海国盛资本管理有限公司总经理周道洪》，《上海国资》2020 年第 2 期。

刘功润：《提振消费不仅要关注存量，更应顺势培育新消费动能》，《21 世纪经济报道》2021 年 9 月 28 日。

刘社建：《"双循环"背景下上海构建国际消费城市路径探析》，《企业经济》2021 年第 1 期。

刘元春、张杰：《聚焦国际消费中心城市建设》，《前线》2021年第5期。

上海成"全国首店"TOP1，2021全国首店160+，载腾讯网 https://mp.weixin.qq.com/s/zvTGUgBrZ1MzIRZb3LRmDg，2021年7月28日。

上海"打造'100+'品牌产品建设在线新经济生态园"，载新浪财经 https://baijiahao.baidu.com/s?id=1664500459196012730&wfr=spider&for=pc，2020年4月20日。

上海：打造具有全国影响力的直播电商平台，培育优质MCN，载澎湃新闻 http://www.weishangagent.com/newsInfo/290032.html，2020年12月8日。

打造全球顶级消费中心城市：上海样本，上海华略智库 https://www.hualue.com/yuanChuangDongTaiDetail?id=08270fa1-9d09-4bb3-a775-98935a108487，2021年4月25日。

盛宝富：《在新发展格局下打造上海国际消费中心城市》，《中国外资》2021年第9期。

陶希东：《上海建设国际消费中心城市的成效、问题与对策》，《科学发展》2020年第11期。

汪婧：《国际消费中心城市、内涵和形成机制》，《经济论坛》2019年第5期。

谢京辉、闫彦明、安翊青、蔡海荣、凌燕：《上海品牌之都发展报告（2020）》，上海社会科学院出版社2020年6月版。

徐晶卉：《点燃消费新引擎，密码就在这些"热词"里》，《文汇报》2021年7月19日。

宗和：《如何推进上海品牌经济发展——对话质量与品牌专家、上海市经信委调研员徐铭》，《上海质量》2021年第5期。

容志：《"技术赋能"的城市治理体系创新——以浦东新区城市运行综合管理中心为例》，《社会治理》2020 年第 4 期。

王延：《加快构建"三大治理"统筹推进和有机衔接的治理体系，浦东形成可复制推广"1+3+7"清单》，《浦东时报》2021 年 5 月 6 日。

浙江民政：《强基层绣针之功　筑大城善治之基——上海市浦东新区积极探索社区治理规范化精细化路径》，澎湃新闻 2020 年 9 月 16 日。

刘靖北：《建在"家门口"的服务体系》，《光明日报》2020 年 5 月 15 日。

杨婷：《浦东社会治理创新的主要实践探索》，《社会治理》2020 年第 4 期。

许素菲：《让群众拥有更多的获得感幸福感，"15 分钟服务圈"实现全覆盖》，《浦东时报》2021 年 4 月 19 日。

《上海浦东新区生态文明建设历程与展望》，生态环境部网站 2020 年 4 月 21 日。

《浦东绿林建设和水环境治理"十四五"规划出炉，朝"生态宜居"大步前行》，上海浦东门户网站 2021 年 3 月 5 日。

吴苏贵：《上海基层社会治理现状及未来发展思路》，《科学发展》2019 年第 11 期。

陶希东：《"十四五"时期上海超大城市社会治理：经验、问题与思路》，《科学发展》2020 年第 5 期。

上海市政协法制委：《政协聚力助推"一网统管"：超大城市治理现代化"上海方案"》，澎湃新闻 2020 年 7 月 3 日。

中共中央组织部编：《贯彻落实习近平新时代中国特色社会主义思想在改革发展稳定中攻坚克难案例——社会建设》，党建读物出版社 2019 年版。

M. Luisa Flor, Sarah Y. Cooper, María J. Oltra. External knowledge search, absorptive capacity and radical innovation in high-technology firms. European Management Journal, 2018, 36（2）.

European Union, 2018, "Open innovation 2.0 yearbook 2017-2018", Luxembourg: Publications Office of the European Union.

European Union, 2013, "The Open Innovation 2.0 Yearbook 2013", Luxembourg: Publications Office of the European Union.

Klein Woolthuis, R., Lankhuizen, M., Gilsing, V. A system failure framework for innovation policy design. Technovation, 2005, 25（6）: 609—619.

Chesbrough, Henry W., 2013, "Open Innovation: The New Imperative for Creating and Profiting from Technology", Cambridge: Harvard Business School Press.

后 记

　　《浦东打造社会主义现代化建设引领区的战略定位与推进思路研究》是关于上海浦东新区打造社会主义现代化建设引领区（下称"引领区"）具体实践和推进思路的研究成果，也是上海社会科学院作为国家高端智库力做国家战略地方版的又一重要举措。本书从浦东社会主义现代化建设引领区设立的背景与要求以及五大战略定位的内容出发，从现状分析到问题提出，再到推进思路和具体策略，提出哲学社会科学研究机构的学者思考和决策咨询专家建言。

　　本书是在上海市哲学社会科学规划课题《浦东新区打造社会主义现代化建设引领区、推进高水平改革开放研究》（项目编号：2021ZQH020）结项报告基础上修改完善而成。课题由上海市哲学社会科学规划办公室和上海市委宣传部理论处联合设立，是"研究阐释党的十九届六中全会精神"专项课题之一。上述系列专项课题立项是贯彻市委《关于深入学习贯彻党的十九届六中全会精神的决定》重要举措，也是上海理论社科界迎接党的二十大开展预研究的积极行动。因此，由结项课题报告改为出版书稿，需要根据最新情况做出修改调整，特别是要根据二十大报告内容进行修订完善。经过近一年时间的修改完善，终成其稿。

　　全书框架由王德忠拟定，写作分工如下：第一章由余海燕执笔；第二章由王玉执笔；第三章由张晓娣执笔；第四章由刘亮执笔；第五章由詹宇波执笔；第六章由王素云、沈桂龙执笔。

本书努力对国家战略赋予浦东引领区的五大战略定位，进行实践层面的分析和研究，提出相应的推进思路和开展策略。作为研究机构对国家战略和地方实践的思考和建议，很难完全把握现实中所有细节和具体情况，囿于知识和能力的咨政献言，很难避免不当和缺憾，期待专业人士、实践工作者以及本书读者提出宝贵意见。

图书在版编目(CIP)数据

浦东打造社会主义现代化建设引领区的战略定位与推
进思路研究/王德忠等著. —上海:上海人民出版社,
2023
ISBN 978 - 7 - 208 - 18239 - 4

Ⅰ.①浦…　Ⅱ.①王…　Ⅲ.①区域经济发展-研究-
浦东新区　Ⅳ.①F127.513

中国国家版本馆 CIP 数据核字(2023)第 064821 号

责任编辑　王　吟
封面设计　今亮后声

浦东打造社会主义现代化建设引领区的战略定位与推进思路研究
王德忠　等　著

出　　版	上海人民出版社	
	(201101　上海市闵行区号景路 159 弄 C 座)	
发　　行	上海人民出版社发行中心	
印　　刷	上海商务联西印刷有限公司	
开　　本	720×1000　1/16	
印　　张	15.5	
插　　页	2	
字　　数	186,000	
版　　次	2023 年 7 月第 1 版	
印　　次	2023 年 7 月第 1 次印刷	

ISBN 978 - 7 - 208 - 18239 - 4/D·4118
定　　价　72.00 元